高等职业教育"十三五"系列教材

Qiche Yeya yu Qiya Chuandong
汽车液压与气压传动

许晓勤　主　编
许炳照　陈成春　主　审

人民交通出版社股份有限公司
北京

内 容 提 要

本书为高等职业教育"十三五"系列教材。全书共 9 个项目，主要包括液压与液力传动基础知识、液压泵的认识、液压缸的识别与故障排除、液压控制阀的识别、液压传动辅助装置的识别、液压回路的识别、液压系统的拆装与试验、气压传动元件与回路的认识、气压系统的拆装与试验。

本书内容与当代汽车液压与气压传动的主流新技术接轨，重点突出，专业特色鲜明，兼顾实践技能训练，可作为高职院校汽车检测与维修、汽车营销与服务、汽车电子技术、汽车车身修复技术及相近专业的课程学习教材，也可作为相关专业技术人员的参考用书。

图书在版编目（CIP）数据

汽车液压与气压传动/许晓勤主编. —北京：人民交通出版社股份有限公司，2021.1
ISBN 978-7-114-16946-5

Ⅰ.①汽… Ⅱ.①许… Ⅲ.①汽车—液压传动—高等学校—教材②汽车—气压传动—高等学校—教材 Ⅳ.①U463.2

中国版本图书馆 CIP 数据核字（2020）第 228389 号

书　　名：	汽车液压与气压传动
著　作　者：	许晓勤
责任编辑：	李　良
责任校对：	赵媛媛
责任印制：	张　凯
出版发行：	人民交通出版社股份有限公司
地　　址：	(100011)北京市朝阳区安定门外外馆斜街 3 号
网　　址：	http://www.ccpcl.com.cn
销售电话：	(010)59757973
总　经　销：	人民交通出版社股份有限公司发行部
经　　销：	各地新华书店
印　　刷：	北京市密东印刷有限公司
开　　本：	787×1092　1/16
印　　张：	10.25
字　　数：	246 千
版　　次：	2021 年 1 月　第 1 版
印　　次：	2021 年 1 月　第 1 次印刷
书　　号：	ISBN 978-7-114-16946-5
定　　价：	30.00 元

(有印刷、装订质量问题的图书由本公司负责调换)

前言
QIANYAN

随着职业教育教学改革的不断深入，职业学校对课程结构、课程内容及教学模式提出了更高的要求。教职成〔2015〕6号文件《教育部关于深化职业教育教学改革全面提高人才培养质量的若干意见》中提出："对接最新职业标准、行业标准和岗位规范，紧贴岗位实际工作过程，调整课程结构，更新课程内容，深化多种模式的课程改革。"教职成〔2019〕13号文件《教育部关于职业院校专业人才培养方案制订与实施工作的指导意见》中提出："坚持面向市场、服务发展、促进就业的办学方向，健全德技并修、工学结合育人机制，突出职业教育的类型特点，深化产教融合、校企合作，加快培养复合型技术技能人才。"为此，人民交通出版社股份有限公司根据教育部文件精神，依据教育部颁布的职业学校汽车运用与维修专业教学标准，组织编写了本套教材。

本教材坚持以实用为宗旨，以提高教学质量为目标，以增强课程特色为重点，围绕现代汽车液压与气压传动技术体系，建设满足培养技能型人才的教学需要，以适合汽车传动技术、具备易实施性为原则，深化教学方法改革，并结合国内的高等职业教育特色予以创新，主要体现在以下几个方面：

（1）本教材保留了液压与液力传动的基础知识，保留液压与气压传动中所需的动力元件、执行元件和控制元件，而对于压力控制回路、速度控制回路和方向控制回路的知识，仅选用适用于汽车当代得到应用的新技术作为教学内容，充分体现了培养高职汽车类专业基础教育的特色。

（2）以汽车液压与气压传动系统的主流技术为基础，根据教学进度的不同，设计不同的实训试验项目，循序渐进地组织教学内容，强调运用汽车液压与气压传动系统的核心知识，理论结合实践，以完成认识某一项具体液压气压回路为导向，体现理论知识与技能相融合的做中学、做中教的职业教育模式。同时，重点知识点旁配置了二维码，扫码可观看相关动画，使教学更加立体化。

（3）教材设计以汽车液压与气压传动系统的典型回路的结构认识、原理表述进行架构，辅以故障诊断为知识拓展，兼顾当前汽车液压与气压传动系统的各种主流新技术,图文并茂,力求简练,以满足汽车类学员自主学习的需要。

(4)本教材由9个项目15个学习任务、6个试验实训项目组成。各院校在使用本教材的过程中如果觉得课时不够用,请结合教学实际需要适当增加课时及实训课时,重点应保证实训课时的完成。各部分的教学参考课时分配见下表。

学习领域	学习内容	课时分配	
		理论	课程实践
液压与液力传动	液压系统的认识	2	以学生自我实践学习为主,老师教学指导为辅,课时根据各地实际情况结合工学交替教学需要自行编排(建议不少于6个课程实践项目)
	液压油的认识与选用	2	
	液体力学知识	2	
	液压泵的工作原理与分类	2	
	外啮合齿轮泵的识别	2	
	内啮合齿轮泵的识别与齿轮泵的故障诊断	2	
	叶片泵的识别与故障诊断	2	
	柱塞泵的识别与故障诊断	2	
	液力变矩器的识别(自动变速器动力源)	2	
	液压缸的识别与故障排除	2	
	液压控制阀的识别	2	
	液压传动辅助装置的识别	2	
	液压回路的识别	2	
	各种液压系统、部件认识与各种齿轮泵的拆装试验		2
	液压制动ABS的认识与拆装试验		2
	液压助力转向系统的认识与拆装		2
	电控柴油机供油泵(轴向、径向柱塞泵)的拆装与试验		2
气压传动	气动元件的识别	2	
	车辆气动ABS基本回路的识别与故障诊断	2	
	气压制动系统的识别与工作原理认知		2
	气压制动空气压缩机、控制阀的拆装与试验		2
	课时小计(总42)	30	12

本教材由福建船政交通职业学院汽车运用工程系许晓勤担任主编,参编者有陈宁、黄林火、陈燕等,许炳照、陈成春老师担任主审。另外,本书还得到业内兄弟院校、校企合作单位资深专家、师长的热情指导与帮助,编者在此表示衷心的感谢。

限于编者学识和水平,且基于教学实践的课程改革经验仍处于探索和积累阶段,教学内容和教学方法仍待完善和改进,恳请使用本书的教师、学生和专业人员对书中的不妥和误漏之处予以批评指正。

编 者
2020年9月

目录

MULU

项目 1　液压与液力传动基础知识 ·· 1
　任务 1　液压系统的认识 ·· 1
　任务 2　液压油的认识与选用 ·· 4
　任务 3　液体力学知识 ··· 8
项目 2　液压泵的认识 ·· 14
　任务 1　液压泵的工作原理与分类 ··· 14
　任务 2　外啮合齿轮泵的识别 ·· 18
　任务 3　内啮合齿轮泵的识别与齿轮泵的故障诊断 ································ 22
　任务 4　叶片泵的识别与故障诊断 ··· 24
　任务 5　柱塞泵的识别与故障诊断 ··· 28
　任务 6　液力变矩器的识别（自动变速器动力源） ··································· 32
项目 3　液压缸的识别与故障排除 ··· 38
　任务 1　液压缸的识别与故障排除 ··· 38
项目 4　液压控制阀的识别 ··· 49
　任务 1　液压控制阀的识别 ··· 49
项目 5　液压传动辅助装置的识别 ··· 69
　任务 1　液压传动辅助装置的识别 ··· 69
项目 6　液压回路的识别 ·· 86
　任务 1　液压回路的识别 ·· 86
项目 7　液压系统的拆装与试验 ·· 99
　实训项目 1　各种液压系统、部件认识与各种齿轮泵的拆装试验 ············· 99
　实训项目 2　液压制动 ABS 的认识与拆装试验 ··································· 103
　实训项目 3　液压助力转向系统的认识与拆装 ····································· 109
　实训项目 4　电控柴油机供油泵（轴向、径向柱塞泵）的拆装与试验 ······· 113
项目 8　气压传动元件与回路的认识 ·· 121
　任务 1　气动元件的识别 ·· 121
　任务 2　车辆气动 ABS 基本回路的识别与故障诊断 ···························· 130

项目 9　气压系统的拆装与试验 ……………………………………………………………… 138
　实训项目 1　气压制动系统的识别与工作原理认知 …………………………………… 138
　实训项目 2　气压制动空气压缩机、控制阀的拆装与试验 …………………………… 145
附录　常用液压与气压元件图形符号 ………………………………………………………… 152
参考文献 ……………………………………………………………………………………… 158

项目 1 液压与液力传动基础知识

任务 1 液压系统的认识

知识目标

1. 正确叙述传动的形式、液压与气压传动的工作原理。
2. 正确叙述液压传动的组成及各组成部分的功用。
3. 正确叙述液压传动系统的优缺点。
4. 正确识别液压、气压系统的图形符号。

能力目标

1. 会描述液压系统应用在汽车上的原理。
2. 会叙述液压传动的组成与工作原理。
3. 会描述液压、气压系统图形符号意义。

素养目标

1. 具备应用网络查询液压、气压系统图形符号的功能与应用的素养。
2. 具备识别液压技术在汽车上应用的素养。

知识链接

1.1 传动的形式

液压、气压技术是汽车行业发展最快的技术之一。随着汽车新技术的不断应用,液压、气压传动被越来越广泛地应用在各型汽车系列中。由于微电子与计算机技术的飞速发展,液压、气压传动技术不仅作为汽车传动的一种基本形式,而且,还成为一种重要的控制手段。

传动是指传递运动与传递动力的方式。常见的传动形式如图 1-1 所示。

液压传动与气压传动在汽车领域得到广泛的应用,它们都是利用流体的压力能进行能量传递的传动。由于液压与气压

图 1-1 常见的传动形式

传动许多方面有相似的地方,我们就先学习液压相关知识与技能,气压在其后再作简单介绍。

1.2 液压与气压传动的工作原理

液压与气压传动的工作原理很相似,现以图1-2所示千斤顶为例来简述液压传动的工作原理。

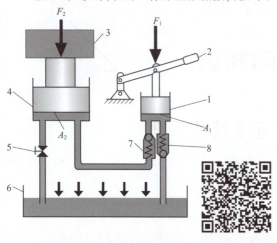

图1-2 液压千斤顶工作原理
1-小液压缸;2-杠杆;3-重物;4-大液压缸;5-截止阀;6-油箱;7、8-止回阀

当向上抬起杠杆时,小液压缸1上的活塞向上运动,小液压缸下腔容积增大形成局部真空,止回阀7关闭,油箱6的油液在大气压作用下经吸油管顶开止回阀8进入小液压缸下腔。当向下压杠杆时,小液压缸下腔容积减小,油液受挤压,压力升高,关闭止回阀8,顶开止回阀7,油液经排油管进入大液压缸4的下腔,推动大活塞上移顶起重物。如此不断上下扳动杠杆,则不断有油液进入大液压缸下腔,使重物逐渐被顶起。如杠杆停止动作,大液压缸下腔油液压力将止回阀7关闭,大活塞连同重物一起被自锁不动,停在举升位置。如打开截止阀5,大液压缸下腔通油箱,大活塞将在自重作用下向下移,迅速回到原始位置。

由液压千斤顶的工作原理可知,小液压缸1与止回阀7、8一起完成吸油与排油,将杠杆的机械能转换为油液的压力能输出,称为(手动)液压泵。大液压缸4将油液的压力能转换为机械能输出,抬起重物,称为(举升)液压缸。在这里大、小液压缸组成了最简单的液压传动系统,实现了力和运动的传递。

由此可得出液压与气压传动的工作原理:

(1)液压传动以液体为传递运动和动力的工作介质。

(2)液压传递过程中经过两次能量转换,先由机械能转换为液体的压力能,再由液体的压力能转换为机械能对外做功。

(3)液压传动依靠密闭容器内容积变化传递能量。

(4)压力和流量是液压传动中两个最基本的参数。

1.3 液压传动系统的组成与图形符号

实际中的液压传动系统,在液压泵-液压缸的基础上还设置有控制液压缸的运动方向、运动速度和最大推力的装置,下面以图1-3所示的自卸汽车车厢举倾机构为例说明其组成。液压缸7中的活塞杆与汽车车厢铰接。当液压泵3运转,换向阀阀芯6处于图中所示位置时,车厢举倾机构不工作,即液压泵输出的压力油经止回阀4、换向阀5中的油道a及回油管返回油箱。由于液压缸7活塞的上、下腔均与油箱连通,故此时液压缸处于不工作状态。

在外力作用下,推动换向阀阀芯6左移,换向阀油道a与液压泵供油路关闭。从液压泵输出的压力油经换向阀的油道b进入液压缸活塞下腔,推动液压缸活塞上移,通过活塞杆实现车厢的举升。

为了防止液压系统过载,在液压缸7进油路上装有限压阀8。当系统油压超过一定值时,限压阀开启,一部分压力油通过限压阀返回油箱,系统油压则不再升高。

当外力去除后,在换向阀阀芯右侧弹簧力的作用下,换向阀阀芯 6 返回到原来位置(图中所示位置)。此时,液压缸活塞下腔通过换向阀与回油路连通。液压缸活塞下腔压力油返回油箱,车厢在自重作用下下降。

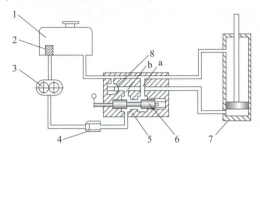
a)结构组成简图

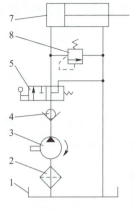
b)系统组成图形符号

图 1-3　车厢举倾机构液压系统
1-油箱；2-过滤器；3-液压泵；4-止回阀；5-换向阀；6-换向阀阀芯；7-液压缸；8-限压阀；a、b-油道

从上面的例子可以看出,液压传动系统主要由以下四个部分组成：

(1)动力元件：把机械能转变成液体压力能,如液压泵。

(2)执行元件：把流体的压力能转变成机械能,如液压缸、液压马达。

(3)控制元件：对系统中流体压力、流量和流动方向进行控制或调节的装置,如图 1-3 中的限压阀、换向阀和止回阀等。

(4)辅助元件：保证系统正常工作所需的上述三种以外的装置,如图 1-3 中的油箱、过滤器、油管、管接头及密封件等。

液压传动系统就是按机械的工作要求,选择上述不同的液压元件,用管路将它们组合在一起,使之完成一定工作循环的整体。如图 1-3 中的换向阀 5 和限压阀 8 在制造时做成了一体结构,可节省材料和空间,减少阀间的连接油管,又称组合阀。

为了简化液压系统的表示方法,通常采用图形符号来绘制系统原理图。图 1-3b)就是按《流体传动系统及元件图形符号》(GB/T 786.1—2009)和回路图绘制的原理图,图 1-3a)所示为液压系统的结构组成示意图。

1.4　液压传动系统的优缺点

1.4.1　优点

(1)方便灵活地布置传动机构。
(2)质量轻、结构紧凑、惯性小、换向频率高。
(3)实现了标准化、系列化和通用化,便于设计、制造。
(4)传递运动均匀平稳,负载变化时速度较稳定。
(5)液压装置易于实现过载保护。
(6)液压传动容易实现自动化。

1.4.2　缺点

(1)使得液压传动在对传动比要求严格的情况下不易使用,如螺纹和齿轮加工。

(2)液压传动对油温的变化比较敏感。
(3)液压传动系统工作过程中的能量损失较大。
(4)液压传动要求有单独的能源,不像电源那样使用方便。
(5)液压系统发生故障不易检查和排除,需要维修人员具备足够的工作经验。

 课堂讨论

1. 请表述液压与气压传动的基本原理有何异同点。
2. 液压传动系统有何优缺点?
3. 液压系统动力元件、执行元件、控制元件和辅助元件在系统中各起着什么作用?
4. 举例说明液压系统各图形符号的含义。

 思考题

1. 举例说明液压系统在汽车发动机上的应用。
2. 举例说明液压系统在汽车底盘上的应用。

任务2　液压油的认识与选用

 知识目标

1. 正确识别和选用液压油,以及正确描述液压油的性质。
2. 正确描述液压油在汽车上的应用。
3. 准确选用液压油。

 能力目标

1. 会举例并说明不同液压油在汽车上的应用。
2. 会选用不同汽车液压系统的液压油。

 素养目标

1. 具备应用网络查询液压油在汽车上的应用情况的素养。
2. 具备正确维护汽车液压系统的素养。

 知识链接

2.1　液压油的性质与应用

2.1.1　液压油的性质

1)密度

液体单位体积内的质量称为密度,通常用 ρ 表示,即

$$\rho = \frac{m}{V} \tag{1-1}$$

式中：m——液体质量，kg；
　　　V——液体体积，m³。

液压油的密度随压力的增加而加大，随温度的升高而减小。一般情况下，由压力和温度引起的这种变化都很小，可将其近似地视为常数。

2）可压缩性

液体受压力作用而使体积缩小的性质称为液体的可压缩性。可压缩性用体积压缩系数 k 表示，并定义为单位压力变化下的液体体积的相对变化量，即

$$k = -\frac{1}{\Delta p}\frac{\Delta V}{V_0} \tag{1-2}$$

式中：Δp——压力增大量；
　　　ΔV——体积减小量；
　　　V_0——液体初态的体积。

由于压力增大时，液体的体积减小，因此式(1-2)右端加一负号，以使 k 成为正值。

体积压缩系数 k 的单位为 m²/N。常用液压油的压缩系数 $k = (5 \sim 7) \times 10^{-10}$ m²/N。

液体的体积压缩系数 k 的倒数称为液体的体积弹性模量，即体积弹性模量 $K = 1/k$。液压油的体积弹性模量为 $(1.4 \sim 1.9) \times 10^9$ N/m²。表1-1给出了各种工作介质的体积弹性模量。

各种工作介质的体积弹性模量($20℃$, 1.01325×10^5 Pa)　　　　表1-1

介 质 种 类	体积模量 K(MPa)	介 质 种 类	体积模量 K(MPa)
石油基液压油	$(1.4 \sim 2) \times 10^3$	水-乙二醇液	3.46×10^3
水包油乳化液	1.95×10^3	磷酸酯液	2.65×10^3
油包水乳化液	2.3×10^3		

3）黏性

液体在外力作用下流动（或有流动趋势）时，分子间的内聚力要阻止分子相对运动而产生的一种内摩擦力，这种现象称为液体的黏性。液体只有在流动（或有流动趋势）时才会呈现出黏性，静止的液体是不呈现黏性的。

黏性使流动液体内部各处的速度不相等，如图1-4所示，两平行平板间充满液体，下平板固定，而上平板以速度 u_0 向右平移。由于液体的黏性，紧靠下平板和上平板的液体层速度分别为零和 u_0，而中间各液层的速度则视它距离下平板的距离按线性规律变化。

流体黏性的大小可用黏度来衡量。常用的黏度有动力黏度、运动黏度和相对黏度，三者之间可以相互转换。液体的黏度随液体的压力和温度的变化而变化。对液压油来说，压力增大时，黏度增大，但在一般液压系统使用的压力范围内，增大的数值很小，可以忽略不计。液压油黏度对温度的变化十分敏感，温度升高，黏度下降。这个变化率的大小直接影响液压油的使用，其重要性不亚于黏度本身。

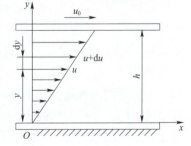

图1-4　液体的黏性示意图

4)其他性质

液压油还有其他一些性质,如稳定性(热稳定性、氧化稳定性、水解稳定性、剪切稳定性等)、抗泡沫性、抗乳化性、缓蚀性、润滑性以及相容性(对所接触的金属、密封材料、涂料等不起作用便是相容性好,否则便是不好)等,都对它的选择和使用有重要影响。

2.1.2 液压油的应用

对液压油总的要求是:黏温特性好;有良好的润滑性;成分要纯净;有良好的化学稳定性;抗泡沫性和抗乳化性好;材料相容性好;无毒;价格便宜。

随着汽车技术的发展,现代汽车上的许多机构,广泛采用了液压传动。如自动变速器、液压制动系统、液压式动力转向系统、液压减振器、自动倾卸机构等均采用液压传动装置。为保证汽车液压系统的正常工作,必须根据各自机构的工作特点选取不同类型的液压油。

2.2 发动机润滑油的液压功能

汽车发动机润滑油又称机油,被形象地称为发动机的"血液",在发动机正常工作中起着润滑、密封、冷却、清洗、防锈、缓冲和液压油等作用。现代汽车润滑油的液压功能应用有:可以根据发动机转速的变化,选择合理的配气相位(气门开启和关闭),利用润滑油的液压油性能,驱动可变进气气门正时调整系统(图1-5)。另外,有些先进的发动机也采用润滑油的液压性能,驱动正时链条液压张紧器,用于压紧正时链导向,防止液压张紧器失效。因此,发动机的润滑油性能要求更加严格。

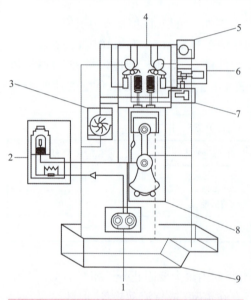

图1-5 发动机可变进气气门正时调整系统
1-齿轮式机油泵;2-机油滤清器;3-涡轮增压器;4-凸轮轴、摇臂及液压挺杆;5-真空泵;6-进气凸轮轴可变配气相位电磁阀;7-正时链条液压张紧器;8-活塞底部喷嘴(活塞、曲轴和连杆);9-油箱

发动机润滑油的成分主要由基础油和添加剂构成,基础油构成发动机润滑油的主要成分,添加剂起到调节基础油的部分特性,改善、提高发动机润滑油的某些方面的性能。

发动机润滑油按照使用发动机的不同分为汽油机油和柴油机油两大类,这两类机油又按照黏度指数和质量级别的不同分为多种。黏度级别常用的分级标准参照美国工程师协会(SAE)的标准可以分为11个级别,如 SAE 5W/30 的含义就表示:5W代表冬季黏度级别,这个数字越小就表示低温起动性能越好,后面的30表示夏季黏度级别,数字越大,黏度越高。质量级别一般按照美国石油协会(API)的分级标准,分别用两个英文字母表示,第一个字母表示使用发动机类型,常用 S 表示汽车机油,C 表示柴油机油,第二个字母表示质量级别,以 S 开头的机油,性能指标根据字母顺序递增,但是以 C 开头的柴油机油却不尽相同。一般常用的汽油机油主要有 API SC～SL 几类;常用的柴油机油主要有 API CD～CH;除此之外,还有一种新型的汽油机和柴油机都可以使用的机油,如 API SJ/CG 就表示润滑油既相当于汽油机油的 SJ 级,又相当于柴油机油的 CG 级。

选用发动机润滑油要从适用性、经济性和合理性等几个方面综合考虑。应严格按照发动机操作维护手册要求选用机油牌号,综合考虑黏度级别和质量级别两个性能指标,SAE 黏度级别严格按照当地气候条件选取,质量标准的选取遵循"就高不就低"的原则,可以选用高于原厂质量标准的润滑油,绝对不能选用低于原厂标准的润滑油。

2.3 液力传动油的选用

汽车液力传动油又称自动变速器油(Automatic Transmission Fluid,ATF)。通用型液力传动油呈紫红色,有些呈淡黄色等。它是汽车自动变速器和动力转向系统中的工作介质。它不仅起到传递力的作用,而且还起着对齿轮、轴承等摩擦副的润滑、冷却作用。

国外液力传动油的分类是按照美国材料试验学会(ASTM)和美国石油学会(API)的分类方案,将液力传动油分为 PTF-1、PTF-2、PTF-3 三类,PTF 为 Power-Transmission Fluid 的缩写。

我国目前液力传动油尚无国家标准,现行标准为中国石化总公司的企业标准,该标准将液力传动油分为 6 号液力传动油和 8 号液力传动油两种。8 号液力传动油具有良好的黏温性、抗磨性和较低摩擦系数,其接近于 PTF-1 级油,适用于轿车、轻型货车的自动变速器。6 号液力传动油比 8 号液力传动油具有更好的抗磨性,但黏温性稍差,它接近于 PTF-2 级油,适用于内燃机车和重型货车的多级变矩器和液力耦合器。

液力传动油的选用必须严格按车辆使用说明书的规定,选用适合品种的液力传动油。若无说明书的车辆,轿车、轻型货车应选用 8 号液力传动油;而重型货车、工程机械的液力传动系统,则可选用 6 号液力传动油。

2.4 汽车制动液的选用

汽车制动液又称刹车油,它是一种用于汽车液压制动系统或离合器液压操纵机构中传递液压力的工作介质。由于汽车制动系统的可靠性直接影响行车安全,因此要求制动液必须安全可靠、质量高、性能好,并且要在各种条件下四季通用。对制动液的性能要求还有:优良的高温抗气阻性;良好的低温流动性和黏温性;与橡胶良好的适应性;对金属的低腐蚀性;良好的化学安定性;抗泡沫性等。

汽车制动液有代表性的标准是美国联邦政府运输安全部(DOT)制定的联邦机动车辆安全标准(FMVSS),具体是 FMVSS NO.116 DOT3、DOT4、DOT5,这是世界公认的汽车制动液通用品牌。以乙二醇为基液的 DOT3 和 DOT4 制动液,是一种吸湿性较强的液体,一年的吸湿率可高达 3%。不同的使用条件和环境,其吸湿率不同。我国按照《机动车辆制动液》(GB 12981—2012)将汽车用制动液分成 HZY3、HZY4、HZY5 三种产品。HZY3、HZY4、HZY5 使用性能等同于 DOT3、DOT4、DOT5。

汽车用制动液一般根据使用环境条件和车辆速度性能来选用适合的制动液。环境条件主要是指气温、湿度和道路条件等,在湿热条件下,一般应选用 HZY3 或 HZY4 合成制动液。高速车辆或常在市区行驶的车辆,制动液工作温度较高,应使用级别较高的制动液。

2.5 其他类型液压油的选用

汽车液压系统使用的液压油如无特殊要求的,可按国家标准规定的润滑剂和有关产品(L类)中的 H 组(液压系统)分类来选取,汽车液压系统常用的液压油品种主要有:L-HL、L-HM、L-HV 和 L-HR 液压油等。L-HL 是一种精制矿物油,能改善其防锈和抗氧化性的润滑油,常用于低压系统和传动装置中,在 0℃以上环境下使用;L-HM 是抗磨型液压油,它适合于低、中、高压系统,适用的环境温度为 -5~60℃;L-HV 是低温抗磨型液压油,适合用于环境温度变化大或工作条件恶劣的低、中、高压液压系统中,如野外作业的工程车辆、军车等;L-HR 也是低温抗磨型液压油,性能与 L-HV 液压油相似,只是在黏温性能方面略有改善。

 课堂讨论

1. 液压油的性质有哪些?发动机润滑油应如何选用?
2. 举例说明汽车上用到哪些液压油。各有何作用?
3. 对液压油总的要求是什么?如何在汽车上的不同系统选用液压油?

 思考题

1. 如何理解发动机润滑油的液压功能?
2. 汽车常用液压油如何选用?

任务 3 　 液 体 力 学 知 识

 知识目标

1. 正确叙述液体静压力特性。
2. 正确描述绝对压力、相对压力和真空度的概念及关系。
3. 正确分析管道中液体压力损失及流量特性。
4. 表述流体动力学及其故障现象。

 能力目标

1. 能描述液体的静压力特性。
2. 能叙述绝对压力、相对压力和真空度的关系。
3. 会简单分析管道中液体压力损失及流量特性。
4. 会表述流体动力学及其故障现象。

 素养目标

1. 根据汽车的实际情况,具备能说明真空度意义的素养。
2. 通过查询网络、自学等途径,具备能说明汽车哪些地方会出现液压冲击及空穴现象的素养。

 知识链接

3.1　液体的静压力

3.1.1　流体静态压力特点

液压传动与气压传动的流体静态压力分布如图 1-6 所示。水下任意一点的压力为

$$p = p_\mathrm{a} + \rho g h \tag{1-3}$$

式中:p——水下任意一点压力;

p_a——液面上的压力;
ρ——液体的密度;
g——重力加速度;
h——水下任意一点距离水面的距离。

其特点如下:

(1) 静态流体的压力垂直作用于其接触面。

(2) 在静态流体内任意一点的压力大小,对所有方向均相等。

(3) 静态流体中任意一点的压力大小取决于液体表面压力与该点的垂直距离,与容器的形状无关。

(4) 当力 F 作用于密闭的流体面积 A 时,产生压力 p,并将同等大小的压力传到流体各个部位。

图1-6　静态流体的压力分布

3.1.2　流体力的传递

当液体相对静止时,液体单位面积上所受的法向力称为液体静压力。典型的案例如制动踏板的工作原理,如图1-7所示。当踩下制动踏板时,主缸就把该力转换成液压,制动踏板工作是以杠杆原理为基础的,并且把很小的踏板力转换成对主缸作用的大力,主缸中产生的液压力通过制动管线传送给各个轮缸,它作用在制动衬片上和盘式制动衬块上产生制动力。对封闭空间的液体施加的外部力是向各个方向均匀地传递的。将该原理应用到制动系统里的液压油路,主缸里产生的压力将均匀地传送给各个轮缸,各个轮缸的制动力,根据轮缸的直径而发生变化。如果车辆设计前轮要有较大的制动力,设计人员要选用前轮用较大的轮缸直径。

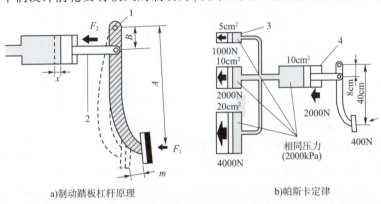

a) 制动踏板杠杆原理　　b) 帕斯卡定律

图1-7　制动踏板静压力的工作原理图

1-支点;2-推杆;3-轮缸;4-主缸;F_1-踏板力;F_2-推杆输出力;A-从踏板中心到支点的距离;B-从推杆到支点的距离;m-踏板的移动距离;x-推杆的移动量

制动踏板应用的杠杆原理如下:

操纵力的计算:

因为

$$F_1 \times A = F_2 \times B$$

所以

$$F_2 = F_1 \times \frac{A}{B} \tag{1-4}$$

主缸移动量的计算:

因为

$$\frac{x}{m} = \frac{B}{A}$$

所以
$$x = m \times \frac{B}{A} \tag{1-5}$$

这一原理称为流体压力传播定理,为一位叫帕斯卡的科学家发现的,因此又称帕斯卡定理。

3.1.3 绝对压力和相对压力的关系

根据度量基准的不同,液体压力分为绝对压力(p)和相对压力(ρgh)两种。如式(1-3)所示的压力 p,其值是以绝对真空为基准来度量的,称为绝对压力;而式(1-3)中超过大气压的那部分压力 $p - p_a = \rho gh$,其值是以大气压力 p_a 为基准来度量的,是相对压力。

在地球的表面上,一切受大气笼罩的物体,大气压力的作用都是自相平衡的。因此,一般压力表在大气中的读数为零,用压力表测得的压力数值显然是相对压力。正因为如此,相对压力又称表压力。在液压技术中,不特别指明时,压力均指相对压力。如果液体中某点的绝对压力小于大气压,这时,比大气压力小的那部分数值称为真空度。由图1-8可知,以大气压力为基准计算时,基准以上的正值是表压力,基准以下的负值是真空度。

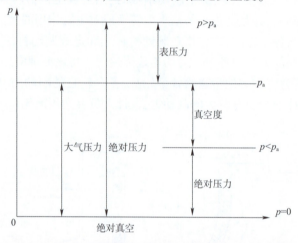

图1-8 绝对压力、相对压力和真空度的关系

例如,当液体内某点的绝对压力为 0.2×10^5 Pa 时,其相对压力为 $p - p_a = (0.2 \times 10^5 - 1 \times 10^5)$ Pa $= -0.8 \times 10^5$ Pa,即该点的真空度为 0.8×10^5 Pa。

绝对压力和相对压力及真空度压力的法定计量单位是 Pa(帕,N/m²),在液压传动中,因 Pa 的单位太小,通常采用 MPa(兆帕,N/mm²),1MPa $= 1 \times 10^6$ Pa。

可见:

$$绝对压力 = 大气压力 + 相对压力$$
$$真空度 = 大气压力 - 绝对压力$$

3.2 流量连续性定律

3.2.1 液体的流量

液体的流量如图1-9所示。液体的流量用规定时间内通过管道流动的流体体积来确定。

流量 = 体积/时间 = 面积×长度/时间 = 面积×速度($A \times v$)

流量的单位:L/min、gal/min。

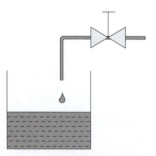

图1-9 液体的流量示意图

时,密封容腔 7 中吸满的油液将顶开止回阀 2 流入系统而实现压油。这样液压泵就将原动机输入的机械能转换成液体的压力能,原动机驱动偏心轮不断旋转,液压泵就不断地吸油和压油。

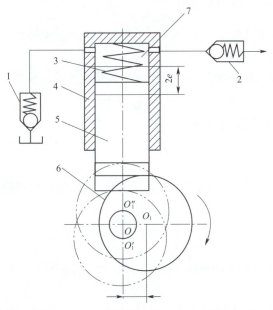

图 2-1　单柱塞式液压泵工作原理示意图
1,2-止回阀;3-柱塞弹簧;4-柱塞缸体(套);5-柱塞;6-驱动偏心轮;7-密封容腔

1.1.2　液压泵的特点

(1)具有周期性变化的密封容腔,当其容积由小变大时吸油,由大变小时压油。

(2)具有配流装置。它保证密封容腔的容积由小变大时只与吸油管接通;密封容腔的容积由大变小时只与压油管相通。

1.2　液压泵的主要性能特点和参数

1.2.1　液压泵的压力

(1)工作压力:液压泵工作时实际输出的压力,取决于负载。

(2)额定压力:在正常工作条件下,按试验标准规定连续运转的最高压力,超过此值即为过载,它取决于泵的结构强度和密封条件。

(3)最高压力:液压泵在短暂运行时间内所允许的最高压力。

(4)压力等级:液压泵的常用的压力分级标准见表 2-1。

压　力　分　级　　　　　　　　　　　表 2-1

压力分级	低压	中压	中高压	高压	超高压
压力(MPa)	<2.5	>2.5~8	>8~16	>16~32	>32

(5)流量分级(L/min):4、6、10、16、25、40、63、100、250。

1.2.2　液压泵的排量与流量

(1)排量(V_P):在无泄漏的情况下,泵的主轴每转一转排出液体的体积。排量与泵的密封腔的大小有关。单位为 mL/r。

(2) 泵的理论流量(q_{pt}):在无泄漏的情况下,单位时间内输出液体的体积。当泵的转速为 n_p 时,它等于排量 V_p 与转速 n_p 的乘积,即

$$q_{pt} = V_p n_p \tag{2-1}$$

(3) 泵的额定流量:在正常工作条件下,按试验规定必须保证的流量,铭牌上标定的流量就是泵的额定流量。

(4) 泵的实际流量 q_p:泵的实际流量等于理论流量减去流量损失(即泄漏量)Δq,即

$$q_p = q_{pt} - \Delta q \tag{2-2}$$

1.3 液压泵的功率与效率

1.3.1 液压泵的容积效率

由于存在泄漏,泵输出的实际流量小于理论流量,实际流量与理论流量的比值称为容积效率 η_{pV},即

$$\eta_{pV} = \frac{q_p}{q_{pt}} = \frac{q_{pt} - \Delta q}{q_{pt}} = 1 - \frac{\Delta q}{q_{pt}} \tag{2-3}$$

在一定范围内,泵的泄漏量随泵的工作压力的增高而线性增大,所以泵的容积效率随着泵的工作压力升高而降低。

1.3.2 液压泵功率与机械效率

泵是将机械能转换成液压能的能量转换装置。在理想情况下,机械能全部转变为液压能,则输入功率等于输出功率,即理论功率为

$$P_t = T_t w = p q_{pt} \tag{2-4}$$

将式(2-1)代入式(2-4)得

$$T_t = \frac{p V_p}{2\pi} \tag{2-5}$$

式中:P_t——理论功率;
T_t——液压泵的理论转矩;
w——液压泵的角速度;
p——液压泵的输出压力。

实际上,由于泵内有各种机械和液压摩擦损失,泵的理论转矩 T_t 小于输入的实际转矩 T,两者的比值称为泵的机械效率,即

$$\eta_m = \frac{T_t}{T} = \frac{T - \Delta T}{T} = 1 - \frac{\Delta T}{T} \tag{2-6}$$

式中:ΔT——液压泵的转矩损失。

1.3.3 液压泵的总效率

液压泵的总效率等于泵的输出功率与输入功率之比,即

$$\eta = \frac{p q_p}{T w} \tag{2-7}$$

将上述有关式代入式(2-7),化简得

$$\eta = \eta_{pV} \eta_m \tag{2-8}$$

1.4 液压泵的分类及图形符号

1.4.1 液压泵的分类

液压泵按其在单位时间内所输出的油液的体积是否可调节可分为定量泵和变量泵两类；按结构形式可分为齿轮式、叶片式和柱塞式三类。液压泵的类型如图2-2所示。

a)外啮合齿轮泵

b)内啮合齿轮泵

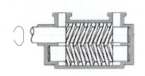
c)螺杆泵

d)旋转叶片泵

e)轴向柱塞泵

f)径向柱塞泵

图2-2 液压泵的类型

（1）定量泵：齿轮泵、叶片泵、轴向柱塞泵、径向柱塞泵、螺杆泵。
（2）变量泵：叶片泵、轴向柱塞泵、径向柱塞泵。

1.4.2 液压泵的图形符号

液压泵的图形符号如图2-3所示。

a)单向定量泵

b)双向定量泵

c)单向变量泵

d)双向变量泵

图2-3 液压泵的图形符号

1.5 液压泵的选用原则

选用液压泵时，应综合考虑主机工况、功率大小、系统要求、元件技术性能及可靠性等因素来合理选择液压泵的规格和结构形式。

齿轮泵结构简单、体积小、价格便宜、工作可靠、维修方便，可以适应多尘、高温和剧烈冲击的恶劣使用条件。运输车辆和工程机械由于工作环境差，加上工作空间的限制，因而在低压系统中，多选用双联或三联齿轮泵。齿轮泵的主要缺点是寿命短、流量较小、不能变量。

叶片泵的输油量均匀，压力脉动较小，容积效率较高。但叶片泵的结构比较复杂，对油液污染比较敏感。目前仅在起重运输车辆、工程机械的液压系统中选用中高压叶片泵。

轴向柱塞泵结构紧凑，径向尺寸小，能在高压和高转速下工作，并具有较高的容积效率，因此在高压系统中应用较多。但这种泵结构复杂，价格较贵。一般在起重运输机械上应用斜盘式轴向柱塞泵的较多。中、小型挖掘机中多选用斜轴式轴向柱塞泵。汽车柴油机中常用柱塞泵来输送高压燃油。

 课堂讨论

1. 请表述容积式液压泵的工作原理及特点。
2. 请在黑板上画出液压泵的图形符号。
3. 请描述液压泵的主要性能及参数。

 思考题

1. 液压泵分为哪几类？如何选用？
2. 举例说明汽车常用液压泵有哪些。

 任务2　外啮合齿轮泵的识别

 知识目标

1. 正确叙述外啮合齿轮泵工作原理及典型结构。
2. 正确描述外啮合齿轮泵的排量和流量影响因素。
3. 正确描述外啮合齿轮泵的泄漏途径及解决措施。
4. 正确叙述外啮合齿轮泵的困油现象及解决措施。

 能力目标

1. 会描述外啮合齿轮泵工作原理及典型结构。
2. 会分析外啮合齿轮泵的排量和流量影响因素。
3. 会分析外啮合齿轮泵的泄漏途径及解决措施。
4. 会分析外啮合齿轮泵的困油现象及解决措施。

 素养目标

1. 根据已有基础知识，具备能分析和选用外啮合齿轮泵的素养。
2. 通过查询网络等途径，具备能分析外啮合齿轮泵存在问题及改善措施的素养。

 知识链接

2.1　典型结构及工作原理

2.1.1　典型结构

齿轮泵的典型结构如图2-4所示，由壳体、前端盖、传动轴、轴承套、后端盖、主动齿轮、从动齿轮和密封圈等组成。

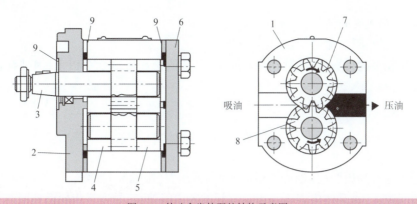

图 2-4　外啮合齿轮泵的结构示意图
1-壳体；2-前端盖；3-传动轴；4、5-轴承套；6-后端盖；7-主动齿轮；8-从动齿轮；9-密封圈

2.1.2　工作原理

外啮合齿轮泵常用于发动机润滑系统和电控转向油泵。外啮合齿轮泵的工作原理如图 2-5 所示，齿轮泵的泵体内装有一对互相啮合的齿轮，在齿轮两侧端面都有端盖，由于齿轮齿顶与泵体内孔表面间隙很小，齿轮齿侧面与端盖间隙也很小，因而在泵体、端盖和齿轮各齿之间形成了密封工作腔。当泵的主动齿轮按图示箭头方向旋转时，齿轮泵下侧（吸油腔）齿轮脱开啮合，齿轮的轮齿退出齿间，使密封容积增大，形成局部真空，油箱中的油液在外界大气压的作用下，经吸油管路、吸油腔进入齿间。随着齿轮的旋转，齿间的油液被带到上侧，进入压油腔。这时轮齿进入啮合，使密封容积逐渐减小，齿轮间的油液被挤出，形成了齿轮泵的压油过程。齿轮啮合时的接触线把吸油腔和压油腔分开，起配油作用。当齿轮泵的主动齿轮由驱动轴带动不断旋转时，轮齿脱开啮合的一侧，由于密闭容积变大则不断从油箱中吸油，轮齿进入啮合的一侧，由于密闭容积减小则不断地排油，这就是齿轮泵的工作原理。

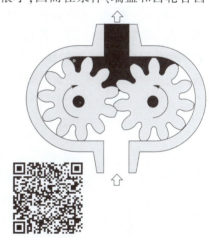

图 2-5　外啮合齿轮泵的工作原理示意图

2.2　排量与流量

外啮合齿轮泵排量的计算可依据啮合原理进行。一般可近似地计算为

$$V_\mathrm{p} = 6.66 z m^2 b \tag{2-9}$$

式中：z——齿数；

　　　m——模数；

　　　b——齿宽。

外啮合齿轮泵的实际流量为

$$q_\mathrm{p} = 6.66 z m^2 b n_\mathrm{p} \eta_\mathrm{pv} \tag{2-10}$$

式（2-10）所表示的 q_p 是齿轮泵的平均流量。实际上，由于齿轮啮合过程中排油腔的容积变化率是不均匀的，因此齿轮泵的瞬时流量是脉动的，脉动的程度可用脉动率来表示，即

$$\delta = \frac{q_\mathrm{p\,max} - q_\mathrm{p\,min}}{q_\mathrm{p}} \tag{2-11}$$

式中：$q_{p\,max}$——最大瞬时流量；

　　　$q_{p\,min}$——最小瞬时流量。

外啮合齿轮泵的齿数越少，脉动率 δ 就越大，其值最高可达 0.2 以上；内啮合齿轮泵的流量脉动率要小得多。

2.3 容积效率与泄漏

2.3.1 容积效率与泄漏途径

外啮合齿轮泵高压腔（排油腔）的压力油向低压腔（吸油腔）泄漏有三条路径：一是通过齿轮啮合处的间隙；二是泵体内表面与齿顶圆间的径向间隙；三是通过齿轮两端面与两侧端盖间的端面轴向间隙。三条路径中，端面轴向间隙的泄漏量最大，占总泄漏量的 70%～80%，因此，普通齿轮泵的容积效率较低，输出压力也不容易提高。要提高齿轮泵的压力，首要的问题是减小端面轴向间隙。

2.3.2 提高外啮合齿轮泵压力的措施

要提高齿轮泵的压力，必须减小端面泄漏，一般采用齿轮端面间隙自动补偿的办法。图 2-6 所示为端面间隙的补偿原理。利用特制的通道把泵内排油腔的压力油引到轴套外侧，作用在一定形状和大小的面积上，产生液压作用力，使轴套压向齿轮端面。这个力必须大于齿轮端面作用在轴套内侧的作用力，才能保证在各种压力下，轴套始终自动贴紧齿轮端面，减小泵内通过端面的泄漏，达到提高压力的目的。

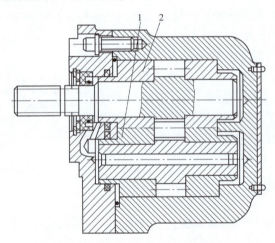

图 2-6　外啮合齿轮泵端面间隙补偿原理
1、2-轴套

2.4 困油现象

2.4.1 困油现象产生原因

齿轮泵要平稳而连续地工作，齿轮啮合的重合度系数必须大于 1，于是总有两对轮齿同时啮合，并有一部分油液被围困在两对轮齿所形成的封闭容积之间，如图 2-7 所示。这个封闭的容积随着齿轮的转动在不断地发生变化。封闭容积由大变小时，被封闭的油液受挤压并从缝隙中挤出而产生很高的压力，油液发热，并使轴承受到额外负载；而封闭容积由小变大，又会造成局部真空,使溶解在油中的气体分离出来,产生空穴现象。这些都将使泵产生强烈的振动和噪声,这就是齿轮泵的困油现象。

2.4.2 解决困油现象措施

消除困油现象的方法,通常是在两侧盖板上开卸荷槽,如图 2-7d)虚线所示,使封闭容积减小时与排油腔相通,容积增大时与吸油腔相通。

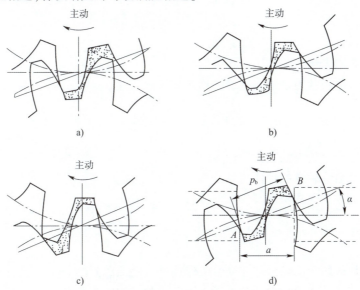

图 2-7 齿轮泵困油现象示意图

2.5 外啮合齿轮泵的特点

外啮合齿轮泵的特点如下:

(1)齿轮泵的平均流量与齿数成正比,而与模数的平方成比例。

(2)齿轮泵的流量与齿宽成正比,但齿宽的增大受齿轮所受液压径向力增加的限制,一般取齿宽 $b = (6 \sim 10)m$,高压时取小值。

(3)提高转速可以提高泵的流量,但受泵吸入性能的限制,齿轮泵的转速一般在 1000~1500r/min。

(4)在容积式液压泵中,齿轮泵的流量脉动最大。

课堂讨论

1. 请表述外啮合齿轮泵的结构与原理。
2. 请分析外啮合齿轮泵排量及流量影响因素有哪些。
3. 外啮合齿轮泵泄漏途径有哪些?哪个占主要因素?如何解决?
4. 什么是外啮合齿轮泵的困油现象?其危害如何?如何解决?
5. 外啮合齿轮泵的特点有哪些?

思考题

1. 汽车上哪些地方用到外啮合齿轮泵?请举例说明。

2. 外啮合齿轮泵在使用中经常存在哪些问题？如何解决？

任务3　内啮合齿轮泵的识别与齿轮泵的故障诊断

  知识目标

1. 正确叙述内啮合齿轮泵的工作原理。
2. 正确描述内啮合齿轮泵的工作特点。
3. 识别齿轮泵常见故障及采取正确的诊断与排除方法。

  能力目标

1. 会描述内啮合齿轮泵的工作原理。
2. 会描述内啮合齿轮泵的工作特点。
3. 会分析齿轮泵常见故障及其诊断与排除方法。

  素养目标

1. 具备通过比较区分内啮合与外啮合工作原理及特点的素养。
2. 具备分析齿轮泵常见故障及其诊断并确定排除方法的素养。

  知识链接

3.1　内啮合齿轮泵的工作原理

内啮合齿轮泵常用于发动机或自动变速器润滑油泵。内啮合齿轮泵有渐开线齿轮泵（图2-8）和摆线齿轮泵（摆线转子泵，图2-9）两种。它们的工作原理和主要特点与外啮合齿轮泵完全相同。在渐开线形的内啮合齿轮泵中，小齿轮和内齿轮之间要装一块隔板（月牙板），以便把吸油腔和压油腔隔开，如图2-8所示。在摆线齿形的内啮合齿轮泵中，小齿轮和内齿轮只相差一个齿，因而不需设置隔板，如图2-9所示。内啮合齿轮泵中的小齿轮是主动轮。

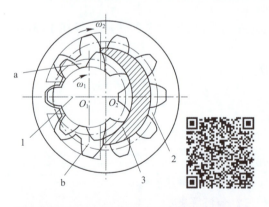

图2-8　渐开线形内啮合齿轮泵工作原理
1-内转子（小齿轮）；2-外转子（内齿轮）；3-月牙板；a-吸油腔；b-压油腔

内啮合齿轮泵结构紧凑、尺寸小、质量轻；由于齿轮转向相同，故相对滑动速度小、磨损小、使用寿命长；流量脉动远比外啮合齿轮泵小，因而压力脉动和噪声都较小；内啮合齿轮泵容许使用高转速（高转速下的离心力能使油液更好地充入密封工作腔），可获得较大的容积效率。摆线内啮合齿轮泵结构更简单,而且由于啮合的重叠系数大,传动平稳,吸油条件更为良好。内啮合齿轮泵的缺点是齿形复杂,加工精度要求高,需要专门的制造设备,造价较高。汽车自动变速器上采用的液压泵大部分是内啮合齿轮泵。

摆线转子泵的额定压力一般为 2.5MPa、4MPa。这种泵作为补油泵和润滑泵使用,广泛应用于大、中型车辆的液压转向系统中。

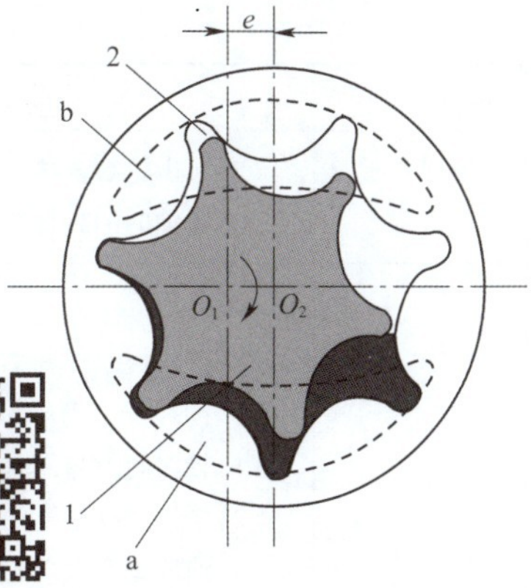

图 2-9 内啮合摆线转子泵工作原理
1-内转子(小齿轮);2-外转子(内齿轮);a-压油腔;b-吸油腔

3.2 内啮合齿轮泵的工作特点

内啮合齿轮泵的特点是体积小,质量轻,结构简单,制造方便,价格低,工作可靠,自吸性能较好,对油液污染不敏感,维护方便等。

内啮合齿轮泵与外啮合齿轮泵相比,主要有体积小、流量脉动小、噪声小等优点,但加工困难,使用受到限制。另外啮合点处的齿面接触线一直起着分隔高、低压腔的作用,因此在齿轮泵中不需要设置专门的配流机构。

课堂讨论

1. 内啮合齿轮泵的工作原理及工作特点是什么?
2. 齿轮泵常见的故障有哪些?如何诊断与排除?

3.3 知识拓展——齿轮泵故障诊断与排除

齿轮泵最常见的故障是泵体与齿轮的磨损、泵体的裂纹和机械损伤。出现以上的情况一般必须大修更换零件。

在车辆行驶过程中,齿轮泵最常见的故障为噪声严重及压力波动、输油量不足、油泵运转不正常或有咬死现象,见表 2-2。

齿轮泵常见故障及诊断与排除方法 表 2-2

故障现象	故障原因	排除方法
噪声严重及压力波动	(1)泵的滤油器污物阻塞不能起滤油作用; (2)油位不足,吸油位置太高,吸油管露出油面; (3)泵体与泵盖的两侧没有加入纸垫产生硬物冲撞或泵体与泵盖不垂直密封,旋转时吸入空气; (4)泵的主动轴与电动机联轴器不同心,有扭曲摩擦;	(1)用干净的清洗油去除滤油器污物; (2)加油到油标位,降低吸油高度; (3)泵体与泵盖间加入纸垫,泵体用金刚砂在平板上研磨使泵体与泵盖平直度不超过 0.005mm,紧固泵体与泵盖的连接不得有泄漏现象; (4)调整泵与电动机的联轴器同心度,使其不超过 0.2mm;

续上表

故障现象	故障原因	排除方法
噪声严重及压力波动	(5)泵齿轮啮合精度不够； (6)泵轴的油封骨架脱落造成泵体不密封	(5)对研齿轮达到齿轮啮合精度； (6)更换合格泵轴油封
输油量不足	(1)轴向间隙与径向间隙过大； (2)泵体裂纹与气孔有泄漏现象； (3)油液黏度太高或油温过高； (4)电动机反转； (5)滤油器污物管道不畅通； (6)压力阀失灵	(1)由于齿轮泵的齿轮两侧端面在旋转过程中，与轴承座圈产生相对运动会造成磨损，轴向间隙和径向间隙过大时必须更换零件； (2)泵体出现裂纹需要更换泵体，泵体与泵盖间加入纸垫，紧固各连接处螺钉； (3)换用合适牌号的油液且在合适温度下工作，必要时加装冷却装置； (4)纠正电动机旋转方向； (5)清除污物，更换油液，保持油液清洁； (6)清理或更换压力阀
油泵运转不正常或有咬死现象	(1)泵轴向间隙及径向间隙过小； (2)滚针转动不灵活； (3)盖板与轴的同心度不好； (4)压力阀失灵； (5)泵与电动机联轴器同心度不够； (6)泵中有杂质，可能在装配时，有铁屑遗留或油液中吸入杂质	(1)轴向、径向间隙过小则更换零件，调整轴向或径向间隙； (2)更换活动滚针轴承； (3)更换盖板，使其与轴同心； (4)检查压力阀弹簧是否失灵，阀体小孔是否被污物堵塞，滑阀与阀体是否失灵。更换弹簧，清除阀体小孔污物或换滑阀； (5)调整泵轴与电动机联轴器同心度使其不超过0.20mm； (6)用细铜丝网过滤机油去除污物

思考题

1. 内啮合齿轮泵与外啮合齿轮泵的工作特点有何区别？
2. 汽车上哪些地方用到齿轮泵？常见故障有哪些？如何诊断与排除？

任务4 叶片泵的识别与故障诊断

知识目标

1. 正确叙述单作用叶片泵的工作原理。
2. 正确叙述双作用叶片泵的工作原理及结构特点。
3. 识别叶片泵常见故障及采取正确的诊断与排除方法。

 **能力目标**

1. 会描述单作用叶片泵的工作原理。
2. 会描述双作用叶片泵的工作原理及结构特点。
3. 会分析叶片泵常见故障及其诊断与排除方法。

 素养目标

1. 具备通过比较区分单作用与双作用叶片泵的工作原理及特点的素养。
2. 具备分析叶片泵常见故障及其诊断并确定排除方法的素养。

 知识链接

叶片泵常用于转向系统供油泵。叶片泵按其每个工作腔在泵每转一周时吸油、排油的次数,分为单作用和双作用两类,单作用叶片泵常用做变量泵,双作用叶片泵只能用做定量泵。

叶片泵具有结构紧凑、运动平稳、噪声小、输油均匀以及寿命长等优点,广泛应用于中、低压液压系统中,其工作压力为 $6 \sim 21 \mathrm{MPa}$。

4.1 单作用叶片泵

图 2-10 所示为单作用叶片泵的工作原理。泵由转子 2、定子 3、叶片 4、配油盘和端盖(图中未示)等零件所组成。定子的内表面是圆柱形孔,转子和定子偏心安装。叶片在转子的槽内可灵活滑动,在转子转动时的离心力以及通入叶片根部压力油的作用下,叶片顶部贴紧在定子内表面上,于是两相邻叶片、配油盘、定子和转子间便形成了一个个密封的工作腔。当转子按图示方向旋转时,图 2-10 左侧的叶片向外伸出,密封工作腔容积逐渐增大而产生真空,于是通过进油口 1 和配油盘上的窗口将油吸入。在图 2-10 的右侧,叶片往里缩进,密封腔的容积逐渐缩小,密封腔中的油液经配油盘另一窗口和出油口 5 被排出而输送到系统中去。这种泵在转子转一转过程中,吸油、排油各一次,故称单作用泵;转子上受有止回的液压不平衡作用力,故又称非平衡式泵,其轴承负载较大。改变定子和转子之间的偏心量 e,便可改变泵的排量,故这种泵都是变量泵。

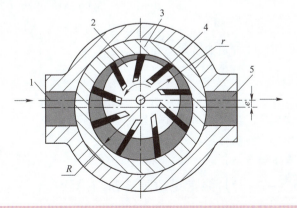

图 2-10 单作用叶片泵工作原理示意图
1-进油口;2-转子;3-定子;4-叶片;5-出油口

4.2 双作用叶片泵

4.2.1 结构

图 2-11 所示为双作用叶片泵的结构图,主要零件包括传动轴 9、转子 13、定子 5、左配流盘 2、右配流盘 6、叶片 4 和前壳体 3、后壳体 7 等。

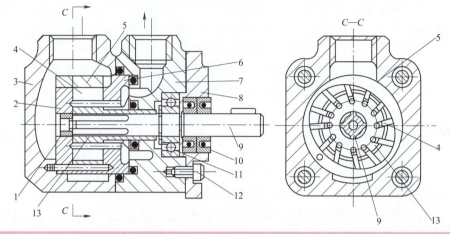

图 2-11 双作用叶片泵结构示意图

1、11-轴承;2-左配流盘;3-前壳体;4-叶片;5-定子;6-右配流盘;7-后壳体;8-端盖;9-传动轴;10-防尘圈;12-螺钉;13-转子

4.2.2 工作原理

图 2-12 所示为双作用叶片泵的工作原理。它的工作原理和单作用叶片泵相似,不同之处仅在于定子内表面是由两段长半径圆弧、两段短半径圆弧和四段过渡曲线八个部分组成,且定子和转子是同心的。在图示转子逆时针方向旋转的情况下,密封工作腔的容积在上腔和下腔处逐渐增大,为吸油区;在左腔和右腔处逐渐减小,为排油区;吸油区和排油区之间有一段封油区把它们隔开。这种泵的转子每转一转,每个密封工作腔完成吸油和排油动作各两次,所以称为双作用叶片泵。泵的两个吸油区和两个排油区是径向对称的,作用在转子上的液压力径向平衡,所以又称平衡式叶片泵。双作用叶片泵通常是定量泵。

图 2-12 双作用叶片泵工作原理示意图

课堂讨论

1. 什么是单作用叶片泵?工作原理是什么?
2. 什么是双作用叶片泵?工作原理是什么?
3. 叶片泵常见故障及诊断与排除方法有哪些?

4.3 知识拓展——叶片泵常见故障诊断与排除

叶片泵常见故障诊断与排除见表 2-3。

叶片泵常见故障及诊断与排除方法　　　　　　　　　　　　表 2-3

故障现象	故障原因	排除方法
泵高压侧不排油	(1) 吸油侧吸不进油,油位过低; (2) 吸油滤油器被脏物堵塞; (3) 叶片在转子槽内卡住; (4) 轴向间隙过大,内漏严重; (5) 吸油侧密封件损坏; (6) 更换的新油黏度过高,油温太低; (7) 液压系统有回油情况	(1) 增添新油; (2) 过滤油液,清洗油箱; (3) 检修叶片泵; (4) 调整端板间隙,达到规定值; (5) 更换合格密封件; (6) 提高油温; (7) 检查液压回路
泵不吸油	(1) 双联变量叶片泵安装位置超过规定; (2) 吸油管太细或太长; (3) 吸油侧密封不良,吸入空气; (4) 泵的旋转方向不对; (5) 不是上述原因,就是泵不合格	(1) 调整叶片泵的吸油高度; (2) 改变吸油侧,按规定安装; (3) 管接头和泵连接处透气,改善密封; (4) 改变旋转方向; (5) 更换叶片泵
泵排油而无压力	(1) 溢流阀卡死,阀质量不良,或油太脏; (2) 溢流阀从内部回油; (3) 系统中有回油现象; (4) 溢流阀的弹簧断了	(1) 先拆卸溢流阀检查; (2) 检查溢流阀; (3) 阀有内部回油,检查换向阀; (4) 检查调压弹簧
泵调不到额定压力	(1) 泵的容积效率过低; (2) 泵吸油不足,吸油侧阻力大; (3) 溢流阀的锥阀磨损,在圆周上有痕迹; (4) 油中混有气体,吸油不足	(1) 检修叶片泵,更换磨损的零件; (2) 检查吸油部位、油位和滤油器; (3) 将溢流阀的先导阀卸下,观察提动阀有无痕迹,更换溢流阀或零件; (4) 查吸油侧有进气部位
噪声过大	(1) 轴颈处密封磨损,进入少量空气; (2) 回油管露出油面,回油产生气体; (3) 吸油滤油器被脏物堵塞; (4) 配流盘、定子、叶片等零件磨损; (5) 若为双联泵时,高低压两排油腔相通; (6) 吸油不足造成的; (7) 两轴的同轴度超出规定值,噪声很大; (8) 噪声不太大,很刺耳,油箱内有气泡或起沫; (9) 有轻微噪声并有气泡的间断声音; (10) 滤油器的容量较小; (11) 吸油发声阻力过大、流速过高,吸油管径小	(1) 更换自紧油封; (2) 往油箱内加注合格液压油到规定液面; (3) 过滤液压油,清洗油箱; (4) 检查泵,更换新件,或更换新高压定量叶片泵; (5) 检查高低压两排油腔; (6) 查出吸油不足的原因,及时解决; (7) 调整电动机、泵的两轴的同轴度; (8) 吸油中混进空气,造成回油中夹着大量气体,检查吸油管路和接头; (9) 泵吸油处透气,查吸油部位的连接件,用黄油涂于连接处噪声即无,重新连接; (10) 更换大容量滤油器; (11) 加大吸油管直径

项目 2　液压泵的认识

思考题

1. 单作用叶片泵与双作用叶片泵的异同点有哪些？
2. 汽车上哪些地方用到叶片泵？常见故障有哪些？如何诊断与排除？

任务5　柱塞泵的识别与故障诊断

 知识目标

1. 正确识别径向柱塞泵。
2. 正确识别轴向柱塞泵。
3. 识别柱塞泵常见故障及采取正确的诊断与排除方法。
4. 会叙述柱塞泵的特点及其应用。

 能力目标

1. 会识别径向柱塞泵。
2. 会识别轴向柱塞泵。
3. 会分析柱塞泵常见故障及其诊断与排除方法。

 素养目标

1. 具备通过比较区分径向柱塞泵及轴向柱塞泵结构特点的素养。
2. 具备分析柱塞泵常见故障及其诊断并确定排除方法的素养。

 知识链接

柱塞泵常用于电控柴油机供油泵。柱塞泵分为径向柱塞泵（柱塞的中心线和转子的中心线是垂直的）和轴向柱塞泵（柱塞的中心线和转子的中心线是平行的）两类。轴向柱塞泵又分为斜盘式（直轴式）和斜轴式两种，其中直轴式应用较广。

5.1　径向柱塞泵的识别

5.1.1　工作原理

图2-13所示为配流轴式径向柱塞泵。在转子2上径向均匀排列着柱塞孔，孔中装有柱塞1，柱塞可在柱塞孔中自由滑动。衬套3固定在转子孔内并随转子一起旋转。配流轴5固定不动，其中心与定子中心有偏心量e，移动定子可改变偏心量e。当转子顺时针方向转动时，柱塞在离心力或在低压油的作用下压紧在定子4的内壁上，当柱塞转到上半周时柱塞向外伸出，径向孔内的密闭工作容积不断增大，产生局部真空，油箱中的油液经配油轴上的a孔进入b腔；当柱塞转到下半周时，定子表面将柱塞往里推，密闭工作容积不断减小，将c腔的油从配流轴上的d孔向外压出。转子每转一周，柱塞在每个径向孔内吸、压油各一次。

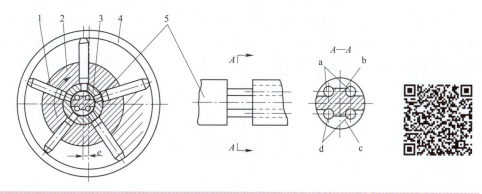

图 2-13　配流轴式径向柱塞泵
1-柱塞；2-转子；3-衬套；4-定子；5-配流轴

5.1.2　结构特点

（1）配流轴上的吸、压油窗口由中间隔墙分开，同时对应的方向开有平衡油槽，使作用在配流轴上的液压径向力实现了平衡，既减少了滑动表面的磨损，又减小了间隙泄漏，提高了容积效率。

（2）改变定子与转子的偏心量 e，可改变泵的排量；改变偏心量 e 的方向（即使偏心量 e 由正值转为负值）时，泵的吸、压油方向改变。因此径向柱塞泵可做成止回或双向变量泵。

5.2　轴向柱塞泵的识别

5.2.1　斜盘式轴向柱塞泵

斜盘式轴向柱塞泵又称直轴式轴向柱塞泵，该液压泵的柱塞中心线平行于缸体的轴线。如图 2-14 所示，缸体上均匀分布着几个轴向排列的柱塞孔，柱塞可在孔内沿轴向滑动，斜盘的中心线与缸体中心线斜交成一个 β 角，以产生往复运动。斜盘和配油盘固定不动。柱塞可在低压油或弹簧作用下压紧在斜盘上。在配油盘上有两个腰形窗口，它们之间由过渡区隔开，过渡区宽度等于或稍大于缸体底部窗口宽度，以防止吸油区和压油区连通。

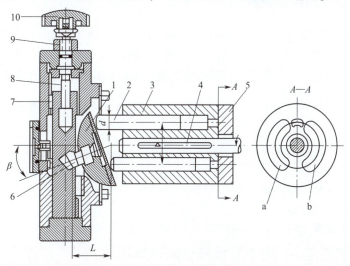

图 2-14　斜盘式轴向柱塞泵结构
1-斜盘；2-柱塞；3-缸体；4-传动轴；5-配流盘；6-轴销；7-柱塞；8-螺钉；9-丝杆；10-手轮；a-吸油窗口；b-压油窗口

当传动轴以图 2-14 所示方向带动缸体转动时,位于左半圆的柱塞在低压油的作用下逐渐向外伸出,使缸体孔内密闭工作腔容积不断增大,产生局部真空,将油液从配油盘配油窗口 a 吸入;位于右半圆的柱塞被斜盘推着逐渐向里缩入,使密闭工作腔容积不断减小,将油液经配油盘配油窗口 b 压出。缸体旋转一周,每个柱塞往复运动一次,完成一次吸油和压油动作。

改变斜盘的倾角 β 可以改变泵的排量。斜盘式轴向柱塞泵的变量方式可以有多种,图 2-14 所示为手动变量泵。当旋转手轮 10 带动丝杠 9 旋转时,因导向平键的作用,变量泵柱塞 7 将上下移动并通过轴销 6 使斜盘绕其回转中心摆动,改变倾角大小。

5.2.2 斜轴式轴向柱塞泵

图 2-15 所示为斜轴式轴向柱塞泵,当传动轴 5 随电动机一起转动时,连杆 4 推动柱塞 2 在缸体 3 中作往复运动,同时连杆的侧面带动柱塞连同缸体一起旋转。通过固定不动的配流盘 1 的吸油窗口、压油窗口进行吸油、压油。与斜盘式轴向柱塞泵类似,可通过改变缸体的倾斜角度 γ 来改变泵的排量;通过改变缸体的倾斜方向来构成双向变量轴向柱塞泵。

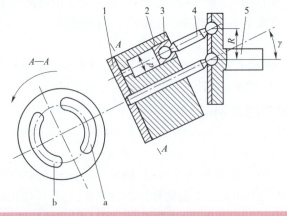

图 2-15 斜轴式轴向柱塞泵
1-配流盘;2-柱塞;3-缸体;4-连杆;5-传动轴;a-吸油窗口;b-压油窗口

5.3 柱塞泵的特点及应用

柱塞泵具有结构紧凑、加工方便、单位功率体积小、容积效率高、工作压力高、易实现变量等优点,故可在高压系统中使用;其缺点是结构复杂、造价高、对油液的污染敏感、使用和维修要求严格。这类泵在起重运输车辆、工程机械的液压系统中应用广泛,汽车上常使用柱塞泵作为高压泵,如电控柴油机供油泵等。

 课堂讨论

1. 什么是径向柱塞泵?其结构特点如何?
2. 什么是斜盘式轴向柱塞泵?其结构特点如何?
3. 柱塞泵的特点是什么?
4. 柱塞泵常见故障是什么?如何诊断与排除?

5.4 知识拓展——柱塞泵故障诊断与排除

柱塞泵故障诊断与排除见表 2-4。

柱塞泵常见故障诊断与排除方法　　　　　　　表 2-4

故障现象	故障原因	排除方法
柱塞泵工作噪声过大	(1)油泵内存有空气； (2)油箱的油面过低,吸油管堵塞； (3)油泵与电动机安装不当,同心度不一致； (4)液压油的黏度过大,泵自吸能力降低,容积效率下降	(1)在泵运转时打开油泵加油口,使泵内的空气从加油口排放出去,如果是新泵,应先向泵内加入油液,对泵的轴承、柱塞和缸体起到润滑作用； (2)按规定加足油液；清洗滤清器,疏通进气管道；检查并紧固进油管段的连接螺钉； (3)检查调整油泵与电动机安装的同心度； (4)选用适当黏度的液压油,如果油温过低应开启加热器
轴向柱塞泵工作时压力表指针不稳定	(1)配油盘与缸体或柱塞与缸体之间磨损严重,使其内泄漏和外泄漏过大； (2)如果是轴向柱塞变量泵,可能是由于变量机构的变量角过小,造成流量过小,内泄漏相对增大,因此不能连续供油而使压力不稳； (3)进油管堵塞,吸油阻力变大及漏气等	(1)检查、修复配油盘与缸体的配合面；单缸研配,更换柱塞,紧固各连接处螺钉,排除漏损； (2)适当加大变量机构的变量角,并排除内部泄漏； (3)疏通油路管道清洗进口滤清器,检查并紧固进油管段的连接螺钉,排除漏气
轴向柱塞泵流量不足(表现为执行元件动作缓慢,压力上不去)	(1)油箱油面过低,油管、滤油器堵塞或阻力过大及漏气等； (2)油泵内运转前未充满油液,留有空气； (3)油泵中心弹簧折断,使柱塞不能回程,缸体和配油盘密封不良； (4)油泵连接不当,使泵轴承受轴向力,导致缸体和配油盘产生间隙,高低压油腔串通； (5)如果是变量轴向柱塞泵,可能是变量角太小； (6)液压油不清洁,缸体与配油盘或缸体与柱塞磨损,使漏油过多； (7)油温过低,油液黏度下降,造成泵的内泄漏增大,泵并伴有发热症状	(1)检查油箱油面高度,不足时应添加。油管、滤清器堵塞应疏通和清洗,检查并紧固各连接处的螺钉,排除漏气； (2)从油泵回油口灌满油液,排除油泵内的空气； (3)更换油泵中心弹簧； (4)改变连接方法,消除轴向力； (5)适当调大； (6)检查缸体与配油盘和柱塞的磨损情况,视情况进行修配,更换柱塞； (7)根据油泵的温升情况,选用合适黏度的液压油。找出油温过高或过低的原因,并及时排除
轴向柱塞泵油液漏损严重	(1)油泵各结合处密封不良,如密封圈损坏； (2)配油盘缸体或柱塞与缸体之间磨损过大,引起回油管外泄漏增加,也会引起油泵高低压油腔之间的内泄漏	(1)检查油泵各结合处的密封,更换密封圈； (2)修磨配油盘和缸体的接触面,研配缸体与柱塞副

　　根据经验,泵的故障一般是因为系统油液不清洁引起泵的损坏,泵内进入空气也是造成泵使用寿命降低的原因之一,要对油液做好维护。

思考题

1. 径向柱塞泵与轴向柱塞泵在结构上有何不同？
2. 汽车上哪些地方用到柱塞泵？其常见故障是什么？如何诊断与排除？

任务6　液力变矩器的识别（自动变速器动力源）

 知识目标

1. 正确叙述液力变矩器的安装位置及其功用。
2. 正确描述液力变矩器的结构组成及其工作原理。
3. 识别止回离合器及锁止离合器的结构组成及原理。
4. 会对液力变矩器系统进行故障诊断与排除。

 能力目标

1. 会描述液力变矩器的安装位置及功用。
2. 会识别液力变矩器的结构及原理。
3. 会分析液力变矩器常见故障及其诊断与排除方法。

 素养目标

1. 具备通过查询网络或资料等途径详细描述液力变矩器工作过程的素养。
2. 具备分析液力变矩器常见故障及其诊断并确定排除方法的素养。

 知识链接

6.1　液力变矩器的认识

6.1.1　液力变矩器的安装位置

液力变矩器位于发动机和机械变速器之间，如图2-16所示。

图2-16　液力变矩器的安装位置
1-液力变矩器

6.1.2　功用

液力变矩器以自动变速器油（ATF）为工作介质，主要有以下功用：

（1）传递转矩。发动机的转矩通过液力变矩器的主动元件，再通过ATF传给液力变矩器的从动元件，最后传给变速器。

（2）无级变速。根据工况的不同，液力变矩器可以在一定范围内实现转速和转矩的无级变化。

（3）自动离合。液力变矩器由于采用ATF传递动力,当踩下制动踏板时,发动机也不会熄火,此时相当于离合器分离;当抬起制动踏板时,汽车可以起步,此时相当于离合器接合。

(4)驱动油泵。ATF 在工作的时候需要油泵提供一定的压力,而油泵一般是由液力变矩器壳体驱动的。

同时由于采用 ATF 传递动力,液力变矩器的动力传递柔和,且能防止传动系统过载。

6.2 液力变矩器的结构组成与工作原理

6.2.1 结构组成

液力变矩器通常由泵轮、涡轮和导轮三个元件组成,称为三元件液力变矩器。也有的采用两个导轮,则称为四元件液力变矩器。图 2-17 所示为三元件液力变矩器。

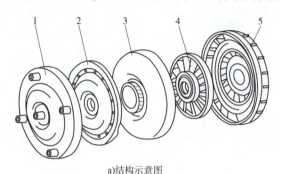

图 2-17 液力变矩器的结构及工作原理示意图

1-变矩器壳体;2-锁止离合器;3、6-涡轮;4、8-导轮;5、7-泵轮;9-离合器端面;10-锁止活塞;11-输入轴;12-扭转减振器;13-锁止控制阀;14-速度切断阀

6.2.2 动力传递路线

液力变矩器工作时,壳体内充满 ATF,发动机带动壳体旋转,壳体带动泵轮旋转,泵轮的叶片将 ATF 带动起来,并冲击到涡轮的叶片;如果作用在涡轮叶片上冲击力大于作用在涡轮上的阻力,涡轮将开始转动,并使机械变速器的输入轴一起转动。由涡轮叶片流出的 ATF 经过导轮后再流回到泵轮,ATF 的流动方向如图 2-18 所示。即液力变矩器的动力传递路线由泵轮→涡轮→导轮→泵轮,依次反复循环。具体地说,ATF 的循环流动是两种运动的合运动。

当液力变矩器工作,泵轮旋转时,泵轮叶片带动 ATF 也旋转起来,形成绕着泵轮轴线作圆周运动;同时,随着涡轮的旋转,ATF 也绕着涡轮轴线作圆周运动。旋转起来的 ATF 在离心力的作用下,从内缘流向外缘。当泵轮转速大于涡轮转速时,泵轮叶片外缘的液压大于涡轮外缘的液压。因此,ATF 在作圆周运动的同时,在上述压差的作用下由泵轮流向涡轮,再流向导轮,最后返回泵轮,形成在液力变矩器环形腔内的循环运动。

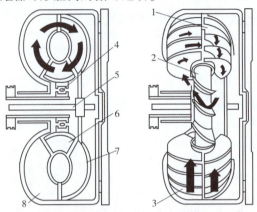

图 2-18　液力变矩器动力传递路线示意图
1、7—涡轮;2、6—导轮;3、8—泵轮;4—止回离合器;5—变速器输入轴

6.2.3　工作原理

来自涡轮的液流冲击导轮叶片正面的入射角不断变化,造成从导轮叶片正面折射出去的液流角度也随之不断变化。来自涡轮的液流冲击导轮叶片的正面,导轮止回锁止,导轮通过液流反作用于涡轮,从而实现:涡轮扭矩 = 泵轮液流冲击涡轮的扭矩 + 导轮反作用扭矩。

液力变矩器增矩有以下特点:

(1) 泵轮相对涡轮转速越快则增矩就越大;汽车刚起步时增矩最大。
(2) 随着泵轮和涡轮速差的减小,增矩逐渐减小。
(3) 当泵轮与涡轮速差为零时,变矩器成耦合器,增矩为零。

6.3　部件的结构与工作原理

6.3.1　导轮

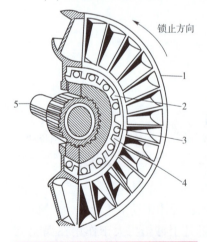

图 2-19　导轮与止回离合器的结构示意图
1—导轮;2—止回离合器外圈;3—止回离合器滚柱;4—止回离合器内圈;5—变速器输入轴

导轮与止回离合器组装在一起,其结构如图 2-19 所示。导轮的作用是改变回流 ATF 的流向,ATF 冲击泵轮的叶片背面,促使涡轮旋转。因为作用在涡轮上的转矩由发动机的输入转矩和回流的转矩两部分组成,涡轮上的输出转矩大于发动机转矩,所以泵轮与涡轮的转速差越大,回流冲力也越大,转矩增加越多,有利于车辆起步工况。而随转速差的缩小,回流冲力也降低,转矩相应减少,有利于车辆高速行驶时节省油耗。

6.3.2　止回离合器

止回离合器又称自由轮机构、超越离合器,其功用是实现导轮的止回锁止,即从发动机前端看,导轮只能顺时针转动而不能逆时针转动,使得液力变矩器在高速区实现耦合传动。

常见的止回离合器有楔块式和滚柱式两种结构形式。楔块式止回离合器如图2-20a)所示,由内座圈、外座圈、楔块(滚柱)、保持架等组成。导轮与外座圈连为一体,内座圈与固定套管刚性连接,不能转动。当导轮带动外座圈逆时针转动时,外座圈带动楔块逆时针转动,楔块的长径与内、外座圈接触,由于长径长度大于内、外座圈之间的距离,所以外座圈被卡住而不能转动。当导轮带动外座圈顺时针转动时,外座圈带动楔块顺时针转动,楔块的短径与内、外座圈接触,短径长度小于内、外座圈之间的距离,所以外座圈可以自由转动。

滚柱式止回离合器由内座圈、外座圈、滚柱、叠片弹簧等组成,如图2-20b)所示。当导轮带动外座圈顺时针转动时,滚柱进入楔形槽的宽处,内、外座圈不能被滚柱楔紧,外座圈和导轮可以顺时针自由转动。当导轮带动外座圈逆时针转动时,滚柱进入楔形槽的窄处,内、外座圈被滚柱楔紧,外座圈和导轮固定不动。

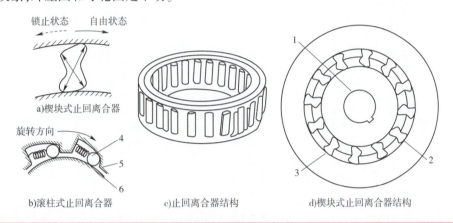

图2-20　止回离合器的工作原理示意图
1、6-内座圈;2-楔块;3、5-外座圈;4-滚柱

6.3.3　锁止离合器

锁止离合器简称TCC(Torque Converter Clutch)。锁止离合器可以将泵轮和涡轮直接连接起来,即将发动机与机械变速器直接连接起来,实现直接挡传动,提高液力变矩器的传动效率,从而提高了汽车的燃油经济性。

锁止离合器的常见结构如图2-21所示。当车辆在良好路面行驶,车速(一般大于60km/h)、挡位等满足条件,锁止离合器需要接合时,进入液力变矩器中的ATF按图2-21a)所示的方向流动,使锁止活塞向前移动,压紧在液力变矩器壳体上,通过摩擦力矩使二者一起转动。此时发动机的动力经液力变矩器壳体、锁止活塞、扭转减振器、涡轮轮毂传给后面的机械变速器,即将泵轮和涡轮刚性连接在一起,传动比为1,相当于直接挡。

当车辆起步、低速或在坏路面上行驶时,ATF流向锁止离合器的前面,因此,锁止离合器的前侧和后侧的压力相等,于是锁止离合器脱开,使液力变矩器具有变矩作用。此时ATF按图2-21b)所示的方向流动,将锁止活塞与液力变矩器壳体分离,解除液力变矩器壳体与涡轮的直接动力传递。

另外,锁止离合器在接合时还能减少变矩器中的ATF因液体摩擦而产生的热量,有利用降低ATF的温度。大多数锁止离合器盘上还装有减振弹簧,以减小锁止离合器在接合时瞬间产生的冲击力。

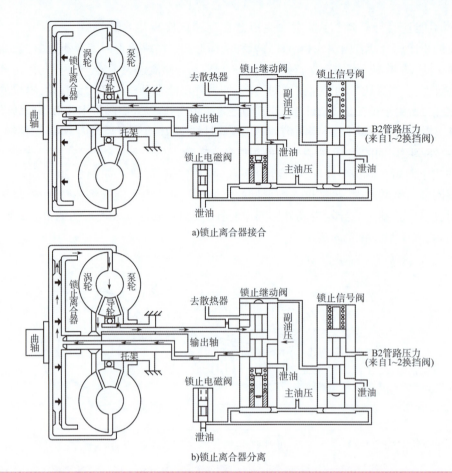

图 2-21 锁止离合器的结构与原理示意图

 课堂讨论

1. 请描述液力变矩器的结构及原理。
2. 请画出液力变矩器的动力传递路线。
3. 请描述止回离合器与锁止离合器的工作原理。
4. 请分析车辆起步加速无力的故障诊断与排除方法。

6.4 知识拓展——液力变矩器的故障诊断

6.4.1 止回离合器失效

故障现象：车辆起步加速无力，不踩加速踏板车辆不行驶，但车辆行驶起来后换挡正常，发动机功率正常，失速试验失速转速比正常值低 400~800r/min。

故障分析：可能是由于止回离合器损坏。

检查排除：用专用工具插入油泵驱动毂和止回离合器的外圈座的槽口中，然后用手压住止回离合器的内圈并转动它，检查是否顺转逆止。如止回离合器损坏更换变矩器总成。

6.4.2 锁止离合器不锁止

故障现象：车辆油耗高，发动机转速高而车速不够高。

故障分析：
(1) 锁止电磁阀不正常工作。
(2) 传感器输入信号不正确。
(3) 液压控制系统存在故障。
(4) 锁止机构故障。

检查排除：车辆行驶过程中，在锁止离合器工作的情况下，快速将加速踏板踩下2/3，如发动机的转速没有明显升高，说明锁止离合器已接合，反之，说明锁止离合器没有接合。

6.4.3　锁止离合器不分离

故障现象：发动机怠速正常，但选挡杆置于动力挡(R、D、2、L)后发动机熄火。

故障分析：可能是由于锁止电磁阀异常、锁止阀卡滞等因素造成的。

检查排除：锁止离合器的检查需要将变矩器切开才能进行，只能由专门的自动变速器维修站来完成。

思考题

1. 通过自学了解液力变矩器的工作过程。
2. 汽车使用过程中，液力变矩器常见故障有哪些？如何诊断与排除？

项目 3

液压缸的识别与故障排除

任务 1　液压缸的识别与故障排除

知识目标

1. 正确叙述液压缸的类型和特点。
2. 正确描述单杆活塞缸、双杆活塞缸的特点。
3. 正确描述柱塞缸的结构及特点。
4. 正确叙述液压缸的选择与使用。

能力目标

1. 会描述各种类型液压缸的结构及特点。
2. 会描述液压缸的选择与使用。
3. 会分析液压缸常见故障与排除。

素养目标

1. 具备小组之间沟通和探讨液压缸在汽车上的使用情况的素养。
2. 具备根据实际情况选用液压缸的素养。

知识链接

1.1　液压缸的类型和特点

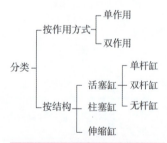

图 3-1　液压缸的分类

1.1.1　液压缸的分类

液压缸是将液体的压力能转换成机械能的能量转换装置，是液压系统中重要的执行元件。液压缸的输入是液体的流量和压力，输出是力和直线运动。液压缸的结构简单，工作可靠性好，被广泛地应用于汽车的不同系统和汽车维修工具上。为满足各种不同类型机械的各种要求，液压缸具有不同的类型，如图 3-1 所示。

1.1.2 液压缸的应用

常见的液压缸种类及其特点见表3-1。

表3-1 常见液压缸的种类及特点

分类	名称	图形符号	特点
单作用液压缸	柱塞式液压缸		柱塞仅单向运动，返回行程是利用自重或负荷将柱塞推回，如汽车制动轮缸或发动机小型吊装设备
	单活塞杆液压缸		活塞仅单向运动，返回行程是利用自重或负荷将活塞推回，如汽车维修液压顶升设备
	双活塞杆液压缸		活塞的两侧都装有活塞杆，只能向活塞一侧供给压力油，返回行程通常利用弹簧力、重力或外力，如客车气压式驻车制动器
	伸缩液压缸		它以短缸获得长行程。用液压油由大到小逐节推出，靠外力由小到大逐节缩回
双作用液压缸	单活塞杆液压缸		单边有杆，两向液压驱动，两向推力和速度不等，如汽车维修剪式举升设备
	双活塞杆液压缸		双向有杆，双向液压驱动可实现等速往复运动，如动力助力转向油缸
	伸缩液压缸		双向液压驱动，伸出由大到小逐步推出，由小到大逐节缩回，如汽车式吊车的动臂
组合液压缸	弹簧复位液压缸		单向液压驱动，由弹簧力复位，如汽车离合器或制动主缸
	串联液压缸		用于缸的直径受限制，而长度不受限制处，获得大的推力
	增压缸（增压器）		由低压力室A驱动，使B室获得高压油源，如汽车的增压式制动器
	齿条传动液压缸		活塞往复运动经装在一起的齿条驱动齿轮，获得往复回转运动，如动力助力转向油缸
摆动液压缸	摆动液压缸		输出轴直接输出转矩，其往复回转的角度小于360°，也称摆动马达

1.2 活塞缸

活塞缸又分为双杆活塞缸和单杆活塞缸两种。

1.2.1 双杆活塞缸

按安装方式的不同，有缸筒固定式和活塞杆固定式两种。图3-2为汽车动力助力转向助力缸工作原理图。

因双活塞杆液压缸的两端活塞杆直径相等，所以当输入流量和油液压力不变时，其往返运动速度和推力相等。若不计回油压力，则缸的推力 F 和运动速度 v 分别为

图3-2 动力助力转向双杆活塞缸示意图

$$F = p_1 A \eta_m = \frac{\pi}{4}(D^2 - d^2) p_1 \eta_m \quad (3\text{-}1)$$

$$v = \frac{q}{A} = \frac{4q\eta_V}{\pi(D^2 - d^2)} \quad (3\text{-}2)$$

式中：A——液压缸的有效面积；

η_m——液压缸的机械效率；

η_V——液压缸的容积效率；

D——活塞直径；

d——活塞杆直径；

q——输入液压缸的流量；

p_1——进油腔压力。

1.2.2 单杆活塞缸

图3-3所示为自卸汽车的液压缸，活塞只有一端带活塞杆。单杆活塞缸也有缸筒固定和活塞杆固定的两种安装形式。两种安装形式的车厢运转范围均为活塞有效行程 l 的2倍。

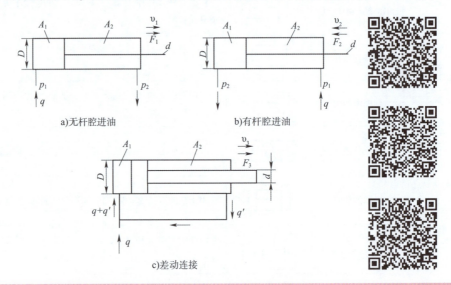

图3-3 自卸汽车单杆活塞缸

1）无杆腔进油与有杆腔进油

如图3-3a）、b）所示，单杆活塞缸因左、右两腔有效面积 A_1 和 A_2 不等，因此当进油腔和回油腔压力分别为 p_1 和 p_2，输入左、右两腔的流量均为 q 时，液压缸左、右两个方向的推力和速度不相同。若不计回油压力，即 $p_2 = 0$，则

伸出速度（向右）：

$$v_1 = \frac{q\eta_V}{A_1} = \frac{4q\eta_V}{\pi D^2} \quad (3\text{-}3)$$

退回速度（向左）：

$$v_2 = \frac{q\eta_V}{A_2} = \frac{4q\eta_V}{\pi(D^2 - d^2)} \quad (3\text{-}4)$$

伸出力（向右）：

$$F_1 = p_1 A_1 \eta_m = \frac{\pi}{4} p_1 D^2 \eta_m \tag{3-5}$$

退回力(向左):

$$F_2 = p_1 A_2 \eta_m = \frac{\pi}{4} p_1 (D^2 - d^2) \eta_m \tag{3-6}$$

特点:伸出时的输出力大于返回时的输出力,但是伸出时的速度小于返回时的速度。因此,一般情况下液压缸在使用时伸出时为工作行程,返回时为非工作行程。

2)差动连接

若采用差动连接,如图 3-3c)所示,有

伸出力:

$$F_3 = p_1 \frac{\pi d^2}{4} \eta_m \tag{3-7}$$

差动连接速度:

$$v_3 = \frac{4 q \eta_V}{\pi d^2} \tag{3-8}$$

特点:采用差动连接后,伸出速度快且推力小(与单杆缸的正常连接相比)。

1.3 无杆活塞缸

1.3.1 活塞主缸

图 3-4 为单腔液压离合器主缸原理图。其缸体多为铸铁或铝合金制成,有的与储油罐铸为一体,为整体式主缸;也有的将两者分开,再用油管连接,为分开式主缸。分开式主缸的储油罐多用透明塑料模压制而成,有的内装防溅浮子或液面过低报警灯开关。主缸的内工作表面精度高且光洁,缸筒上有进油孔 4 和补偿孔 5。筒内装有铝质活塞 3,储油罐通过直径较大的进油孔 4 与补油室 B 相通。橡胶皮碗外圆表面多制有一环形槽,并有若干轴向槽与其相通,以便在工作时能使油液单向的补偿。复位弹簧 10 处于橡胶皮碗 11 与回油阀座 9 之间,它有一定的预紧力,将活塞推靠在后挡板上,并使回油阀 9 关闭。回油阀为环形有骨架的橡胶圈。其中心孔被带弹簧的出油阀 8 所封闭,统称"复合式止回阀",活塞的后端装有密封圈 2,并用挡板和卡环轴向限位。工作长度可调的推杆 1 伸入活塞背面凹部,并保持一定的间隙。其工作原理如下:

(1)不工作时,活塞 3 头部和皮碗 11 正好处于进油孔 4 与补偿孔 5 之间,补偿孔与贮油室相通。

(2)工作时,推杆使活塞和皮碗左移,至皮碗遮盖住补偿孔 5 后,压力室 C 即被封闭,液压开始升高,高压油液打开出油阀经管路进入轮缸,使工作缸产生作用力。油压的高低与踏板力成正比例增加。

1.3.2 活塞工作缸

活塞工作缸在制动轮缸和离合器中常用,有单活塞和双活塞两种形式。图 3-5a)是一双活塞式制动轮缸构造图。缸体 1 用螺栓固定在制动底板上,缸内有两个活塞 2,两个刃口相对的密封皮碗 3 利用弹簧 4 分别压靠在两个活塞上,以保持两皮碗之间的进油孔畅通。活塞外端凸台孔内压有顶块 5 与制动蹄的上端抵靠。缸体两端防尘罩 6 用以防尘土和水分进入,以免活塞与缸体腐蚀而卡死。缸体上方装有放气阀用以排放管路中的空气。

制动时,来自主缸的制动液从油管接头和进油孔进入,活塞在油液压力作用下外移,通过顶块 5 推动制动蹄张开。图 3-5b)所示是单活塞式制动轮缸构造图,制动原理与双活塞式相同。

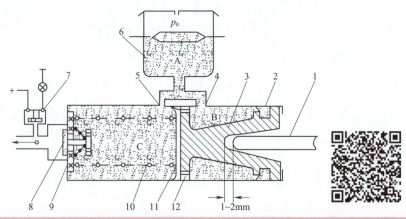

图 3-4　单腔液压式主缸原理图

1-推杆；2-密封圈；3-活塞；4-进油孔；5-补偿孔；6-储油罐；7-油开关；8-出油阀；9-回油阀座；10-复位弹簧；11-皮碗；12-轴向孔；A-储油室；B-补油室；C-压力室

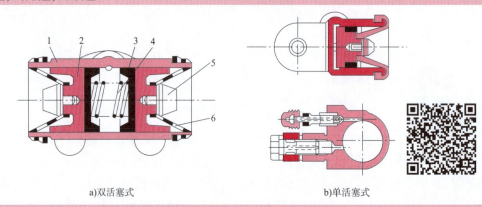

a) 双活塞式　　　　　　　　　　b) 单活塞式

图 3-5　活塞式工作缸

1-缸体；2-活塞；3-皮碗；4-弹簧；5-顶块；6-防护罩

1.4　液压缸的选择与使用

通常根据液压缸的工作压力、运动速度及所需产生的输出作用力，按照液压手册选择标准液压缸。首先根据液压缸的实际工况，计算出外负载大小，然后参考有关表选取适当的工作力。如果需要自行设计液压缸时，可以按照特定的步骤和内容进行液压缸的主要结构尺寸设计，并进行强度的校核、稳定性和缓冲验算，最后再进行具体的结构设计。

1.4.1　液压缸的尺寸计算

(1) 液压缸的主要尺寸包括液压缸内径，缸的长度，活塞杆直径。以上参数主要根据液压缸的负载、活塞运动速度和行程等因素来确定。

(2) 液压缸的负载是由油液的工作压力和活塞有效工作面积来确定的，活塞运动速度是由输入液压缸的液压油的流量和活塞的有效工作面积确定的。

(3) 对于液压机、刨床、车床、组合机床等动力较大的液压设备，液压缸的内径通常是根据液压缸的负载来确定的。

(4) 对于磨床、研磨机床等动力较小的液压设备，液压缸的内径 (单杆式) 和活塞杆的直径可按往复运动速度的比值 φ 从有关表格直接查出数值。

(5)液压缸长度根据所需的最大工作行程长度而定,一般长度不大于内径的20~30倍。

(6)在一般中、低压系统中,液压缸的壁厚不用计算方法确定,而是由结构和工艺上的需要来确定。

1.4.2 液压缸的结构分析

1)典型结构

图3-6所示为双作用单活塞杆液压缸,在汽车上的典型应用为悬架液压减振器,它主要由缸底2、缸筒4、活塞7、活塞杆3、导向套6和缸盖1等主要零件组成。

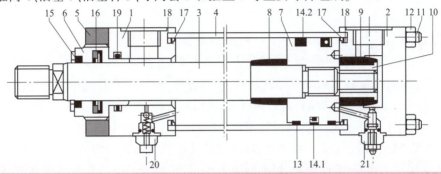

图3-6 双作用单活塞杆液压缸结构
1-缸盖;2-缸底;3-活塞杆;4-缸筒;5-法兰;6-导向套;7-活塞;8、9-缓冲柱塞;10-螺纹衬套;11-螺栓;12-螺母;13-支撑环;14.1-密封(T型);14.2-密封(A型);15-防尘圈;16-活塞杆密封;17、19-O形密封圈;18-支撑环;20-止回阀;21-节流阀

2)液压缸的组成

液压缸按结构组成分为缸体组件、活塞组件、密封装置、缓冲装置和排气装置等。

(1)缸体组件。

缸体组件包括缸筒、缸盖和一些连接零件。缸筒与缸盖的连接方式如图3-7所示。从加工的工艺性、外形尺寸和拆装是否方便不难看出各种连接方式的特点。图3-7a)所示为凸缘式连接,加工和拆装都很方便,只是外形尺寸大些。图3-7b)所示为半环式连接,要求缸筒有足够的壁厚。图3-7c)所示为螺纹式连接,外形尺寸小,但拆装不方便,要有专用工具。图3-7d)所示为拉杆式连接,拆装容易,但外形尺寸大。图3-7e)为焊接式连接,结构简单,尺寸小,但可能会因焊接有一些变形。

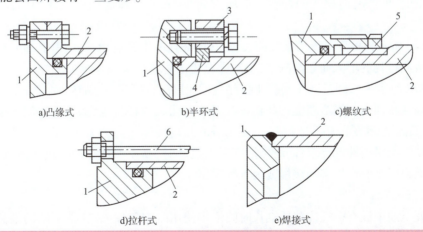

图3-7 缸筒与缸盖连接方式
1-缸盖;2-缸筒;3-压板;4-半环;5-防松螺母;6-拉杆

(2)活塞组件。

如图3-8所示,活塞与活塞杆的连接最常用的有螺纹式连接和半环式连接形式,除此之外还有整体式结构、焊接式结构、锥销式结构等。

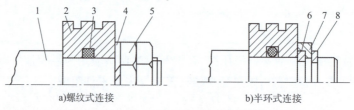

图3-8 活塞与活塞杆的连接
1-活塞杆;2-活塞;3-密封圈;4-防松垫片;5-螺母;6-半环;7-套环;8-弹簧卡圈

螺纹式连接如图3-8a)所示,其结构简单,装拆方便,但一般需备螺母防松装置;半环式连接如图3-8b)所示,其连接强度高,但结构负载,装拆不方便,半环式连接多用于高压和振动较大的场合;整体式连接和焊接式连接结构简单,轴向尺寸紧凑,但损坏后需整体更换,对活塞与活塞杆比值较小,行程较短或尺寸不大的液压缸,其活塞与活塞杆可采用整体式或焊接式连接;锥销式连接加工容易,装配简单,但承载能力小,且需要有必要的防脱落措施,在轻载情况下可采用锥销式连接。

(3)缓冲装置。

为了避免活塞在行程极限位置冲撞缸盖,损坏液压缸及其连接机件,一般在液压缸两端设置缓冲装置。液压缸中缓冲装置的工作原理是:在活塞和缸盖的行程极限位置之间封住一部分油液,强迫它从小孔或细缝中挤出,利用节流原理以产生很大的排油阻力,实现运动部件的制动,从而避免活塞撞击缸盖。

图3-9a)所示为圆柱形环隙式缓冲装置,当缓冲柱塞进入缸盖上的内孔时,缸盖和缓冲柱塞间的封闭油液只能从环形间隙δ挤压出去,于是排油压力升高形成缓冲压力,使活塞的运动速度减慢从而实现减速缓冲。这种装置结构简单,制造成本低,但实现减速所需行程较长,适用于运动部件惯性大、运动速度不太高的场合。

图3-9b)所示为圆锥形环隙式缓冲装置,由于缓冲柱塞为圆锥形,所以缓冲环形间隙δ随位移量而改变,即节流面积随缓冲行程的增大而缩小,使机械能的吸收较均匀,其缓冲效果较好。

图3-9c)所示为可变节流槽式缓冲装置,在缓冲柱塞上开有由浅入深的三角节流槽,节流面积随着缓冲行程的增大而逐渐减小,缓冲压力变化平缓。

图3-9d)所示为可调节流孔式缓冲装置,它不但有凸台和凹腔结构,而且在缸盖中还装有针形节流阀和止回阀。当活塞上的凸台进入端盖内孔后,封闭在活塞与端盖间的油液只能从针形节流阀排出,调节节流孔的大小,可控制缓冲腔内缓冲压力的大小,以适应液压缸不同的负载和速度工况对缓冲的要求;同时当活塞反向运动时,高压油从止回阀进入液压缸内,活塞也不会因推力不足而产生起动缓慢或困难等现象。

(4)排气装置。

由于液压油中混有空气或液压缸长时间停止使用时空气侵入,在液压缸的最高部位常会聚积空气,若不及时排除就会使缸的运动不平稳,引起爬行和振动,严重时会使油液氧化腐蚀液压元件。排气装置就是为解决此问题而设置的,常用的排气装置如图3-10所示。排气阀和排气塞都要安装在液压缸的最高部位,在液压缸排气时打开,让活塞全行程往复移动数次,排气完毕后关闭。

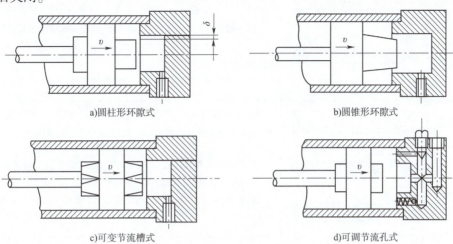

图3-9 液压缸的缓冲装置

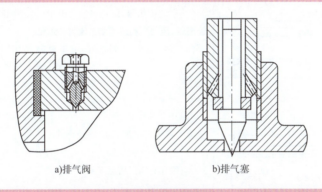

图3-10 排气装置

应当指出,并非所有的液压缸都应设置排气装置,对于要求不高的液压缸往往不设专门的排气装置,而是将通油口布置在缸筒两端的最高处,使缸中的空气随油液的流动而排走。对于速度稳定性要求较高以及较大型的液压缸,则必须设置排气装置。

(5)密封装置。

①密封的功用与要求。在液压元件及其系统中,密封装置是用来防止工作介质的泄漏及其外界灰尘和异物的侵入,以保证系统建立必要的压力,使其能够正常地工作。密封装置必须能够满足以下几点要求:

a. 在一定压力下和温度范围内,具有良好的密封性能。

b. 密封装置和运动件之间的摩擦力要小,摩擦系数要稳定。

c. 抗腐蚀能力强,不易老化,工作寿命长,耐磨性好,磨损后在一定程度上能自动补偿。

d. 结构简单,使用、维护方便,价格低廉。

②密封的种类与特点。液压系统使用中的密封装置种类很多,最常用的是密封圈。根据密封部分的运动特性可分为固定密封和动密封。所谓固定密封是指用于固定件之间的密封。所谓动密封是指有相对运动的零件之间的密封。密封圈既可用于固定密封,也可以用于动密封。常见的密封装置的特点详见表3-2。

常见的密封装置的特点 表3-2

名称	结构简图	特点和说明
O形密封圈		(1) 一般用耐油橡胶制成,它的外侧、内侧和端面都能起密封作用; (2) 结构简单,制造容易,密封性能好,摩擦力小,安装方便,所要求的沟槽尺寸亦小; (3) 广泛用在工程机械液压系统中的固定件和运动件的密封上
Y形密封圈		用耐油橡胶制成,工作时受液压作用,两唇张开,分别贴紧在轴和孔壁上,密封能力随压力增高而加大,并能自动补偿磨损
Yx形密封圈	孔用: 轴用:	(1) 用聚氨酯橡胶制成,其内外唇长短不等,固定面唇边长,增大支承,滑动面唇边短,减少摩擦,防止运动件切伤密封唇; (2) 截面小,结构紧凑,密封性、耐磨性、耐油性能都比Y形密封圈优越
V形密封圈	支承环: 密封环: 压环:	(1) 由多层涂胶织物压制而成,做成支承环、密封环、压环三种形状; (2) 系统工作压力小于 100×10^5 Pa 时,使用三种环各一件已足够保证密封,压力更高时可增加密封环数量; (3) 接触面长,密封性好,但摩擦力大,用于往复运动速度不高的场合
骨架式油封	骨架 弹簧	(1) 用耐油橡胶制成,内部有一直角形圆铁环骨架做支撑,并用一螺旋弹簧将内部收紧在轴上进行密封; (2) 用以密封回转轴,工作压力不超过 1×10^5 Pa,最大允许速度 4~8m/s,须在有润滑情况下工作

③自动变速器的油封。自动变速器使用了多种类型的油封,如图3-11所示。其中:橡胶唇形油封用在离合器活塞和离合器鼓之间;特氟隆聚四氟乙烯油封用在作旋转运动的离合器壳上以防止施加压力油液发生泄漏;D形圈的典型使用位置是在离合器壳和离合器活塞内部之间,而O形圈用于防止油液沿轴的周围发生泄漏。

a) 橡胶唇形油封　　b) 特氟隆油封　　c) D形圈　　d) O形圈

图3-11　自动变速器的油封形式

每次对部件进行解体后相应的油封均应更换,在对油封进行安装时,参阅维修手册中的部件分解图,确定油封的正确安装位置以及是否需要润滑。注意在进行大修重新密封以及安装操作过程中唇形油封和特氟隆油封易发生损坏。

1.4.3　液压缸的选择

液压缸(简称油缸)是液压系统中常用的元件,在液压系统中起执行器的作用,其他元件如泵、阀、滤油器附件等都是为液压缸配套服务的,液压缸作为液压控制系统的最终执行机构,在机械设备中起着非常重要的作用。

液压缸主要由缸筒、活塞杆、活塞、缸头、缸尾、密封件、附件等组成，其中缸筒、活塞杆、活塞称为液压缸三大件。

影响液压缸质量的主要因素有三点：设计经验、加工质量、使用维护情况。

1）设计经验

在进行液压缸的设计时，必须知道如下参数：缸径、杆径、行程；工作压力或液压缸负载；工作环境温度；工作介质；运行速度和其他一些参数，如连接形式、安装尺寸等。

缸径、杆径、行程尽量靠国家标准或其他标准，避免选用非标尺寸，否则会增加加工难度和制造的成本。根据行程长短决定液压缸导向的长短；根据工作压力或负载来验算缸筒、活塞杆、螺钉等的强度；同时工作压力、环境温度、工作介质、运行速度是选订密封件的关键。不同形式的密封承受的压力、温度、介质、速度是不一样的，运行速度快时必须考虑用缓冲套、缓冲阀等。另外，零部件的材质选用也必须慎重。

2）加工精度

液压缸的加工精度取决于装备水平、生产工艺及检测手段。

缸筒常用的加工方法有两种。一种是粗镗→精镗→滚压，一般用45号无缝钢管，这种方法加工质量好，但成本高；另一种方法是用20号冷拔无缝钢管，再进行珩磨，成本相对较低。活塞杆加工前必须调质校直，活塞杆的镀层厚度一般不小于0.03mm。活塞的加工必须严格按照密封件手册中给定的沟槽尺寸公差带要求来进行。

3）使用维护情况

液压缸的使用与维护主要还是在泄漏的问题上。其中有零件配合与变形的问题，但根据使用经验，国内液压缸的加工水平完全可以过关，但关键还在于所采用的密封件。国产密封件还不能完全替代进口密封件。因此，在使用维护时密封件状况应是重点考虑的内容。

1.5 液压缸的使用要求

下面以活塞式液压缸的使用应注意事项为例来说明。

(1) 液压油的品种应符合液压缸使用说明书的要求。一般常温下工作的液压缸多数采用石油型液压油，在高温(>60℃)下工作的液压缸，须采用难燃液压油。液压油的黏度和过滤精度应首先满足液压泵的使用要求。

(2) 安装时要保证活塞杆顶端的连接头的方向与缸头、耳环的方向一致，保证整个活塞杆在进退过程中的直线度，防止出现刚性干涉现象。如法兰安装时，作用力与支承中心应处在同一轴线上。耳轴和耳环连接时作用力应处在同一平面内。

(3) 应定期对耳环等有相对转动的部位加油润滑。

(4) 液压缸在使用过程中会出现漏油和爬行等问题。如果要打开缸体进行检查，应该在打开前对液压缸有一定的结构方面的了解。

(5) 拆装按要求完成装配后，应该进行液压缸的试验以后才可以使用。

课堂讨论

1. 按结构形式划分，液压缸有哪些类型？各有何特点？
2. 活塞缸有几种连接方式？各有何特点？
3. 液压缸如何选择？影响液压缸质量的因素有哪些？

4. 液压缸常见密封装置有哪些类型？举例说明汽车应用的具体部位。

5. 液压缸的常见故障有哪些？如何诊断与排除？

1.6 知识拓展——液压缸常见故障与排除

液压缸常见故障与排除方法见表3-3。

液压缸常见故障及排除方法　　　　　　　　　　　　　表3-3

故障现象	故障原因	排除方法
爬行	(1) 空气侵入； (2) 液压缸端盖密封圈压得太紧或过松； (3) 活塞杆与活塞不同心； (4) 活塞杆全长或局部弯曲； (5) 液压缸的安装位置偏移； (6) 液压缸内孔直线性不良(鼓形锥度等)	(1) 增设排气装置；如无排气装置，可开动液压系统以最大行程使工作部件快速运动，强迫排除空气； (2) 调整密封圈，使它不紧不松，保证活塞杆能来回用手平稳地拉动而无泄漏(大多允许微量渗油)； (3) 校正二者同心度； (4) 校直活塞杆； (5) 检查液压缸与导轨的平行性并校正； (6) 镗磨修复，重配活塞
冲击	(1) 靠间隙密封的活塞和液压缸间隙，节流阀失去节流作用； (2) 端头缓冲的止回阀失灵，缓冲不起作用	(1) 按规定配活塞与液压缸的间隙，减少泄漏现象； (2) 修正研配止回阀与阀座
推力不足或工作速度逐渐下降甚至停止	(1) 液压缸和活塞配合间隙太大或O形密封圈损坏，造成高低压腔互通； (2) 由于工作时经常用工作行程的某一段，造成液压缸孔径直线性不良(局部有腰鼓形)，致使液压缸两端高低压油互通； (3) 缸端油封压得太紧或活塞杆弯曲，使摩擦或阻力增加	(1) 单配活塞或液压缸的间隙或更换O形密封圈； (2) 镗磨修复液压缸孔径，单配活塞； (3) 放松油封，以不漏油为限校直活塞杆

思考题

1. 汽车上用到的液压缸有哪些？举例说明。

2. 汽车上的液压缸常见故障有哪些？如何诊断与排除？

项目 4 液压控制阀的识别

任务 1 液压控制阀的识别

1.1 方向控制阀的识别

液压控制阀的种类繁多,但它们在液压系统中的作用主要有三个方面:控制液压油的压力(压力控制阀)、流量(流量控制阀)和流动方向(方向控制阀),保证执行元件按照负载的需求进行工作。

方向控制阀主要有止回阀和换向阀两类。常用的止回阀有普通止回阀和液控止回阀两种。

1.1.1 普通止回阀

普通止回阀的作用是只允许液流沿一个方向通过,不能反向流动。普通止回阀结构如图4-1所示。

1) 工作原理

当压力油从阀体左端的通口 P_1 流入时,压力达到克服弹簧3作用在阀芯2上的力后,使阀芯向右移动,打开阀口,并通过阀芯2上的径向孔a、轴向孔b从阀体右端的通口 P_2 流出。当压力油从阀体右端的通口 P_2 流入时,它和弹簧力一起使阀芯锥面压紧在阀孔上,使阀口关闭,油液无法通过。图4-1c)所示为止回阀的图形符号。

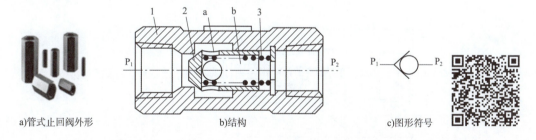

a)管式止回阀外形　　b)结构　　c)图形符号

图 4-1　普通止回阀
1-阀体;2-阀芯;3-弹簧;a-径向孔;b-轴向孔

2) 应用

(1) 用于泵的出口,防止系统中的压力冲击对泵造成影响。

(2) 隔开油路间不必要的联系,防止油路相互干扰。

(3) 作背压阀用(回油路上加背压阀),但背压不可调。

(4) 作旁路阀用。

(5) 桥式回路。如图4-2所示是一止回阀与调速阀组成的组合阀,若将此阀放在回路中,油液从A流到B或者从B流到A,调速阀均起调速作用。

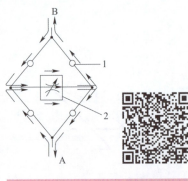

图4-2 止回阀与调速阀组成的桥式回路
1-止回阀;2-调速阀

1.1.2 液控止回阀

液控止回阀除进出油口A、B外,还有一个控制油口X,因泄漏油液方式的不同而有内泄式和外泄式两种。

1) 不带卸荷阀芯的液控止回阀

图4-3所示为一不带外泄油口和卸荷阀芯的液控止回阀。

(1) 工作原理:控制活塞上作用的液压力克服弹簧力和B腔油液对锥阀芯的液压力即可推动锥阀芯,使B口和A口接通。此阀X口的控制压力高。

(2) 特点:因为A腔的压力作用于控制阀芯背面,所以一般用于完全卸荷的工况。

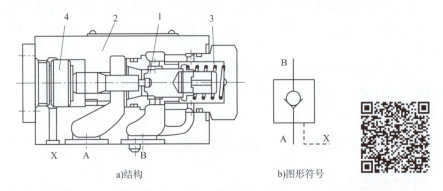

图4-3 不带外泄油口和卸荷阀芯的液控止回阀
1-锥阀芯;2-阀体;3-弹簧;4-控制活塞

2) 不带外泄油口的液控止回阀

图4-4所示为一不带外泄油口和带卸荷阀芯的液控止回阀。

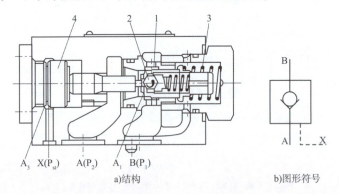

图4-4 不带外泄油口和带卸荷阀芯的液控止回阀
1-锥阀芯;2-卸荷阀芯;3-弹簧;4-控制活塞

(1) 工作原理:控制活塞尚未推动锥阀芯,即可推动卸荷阀芯,使得P_1和P_2沟通,P_1腔压力降低,从而推动锥阀芯,使得B口和A口相通。

（2）特点：因为 A 腔的压力作用于控制阀芯背面，所以一般用于完全卸荷的工况。

3）带外泄油口的液控止回阀

图 4-5 所示为一带外泄油口和卸荷阀芯的液控止回阀。

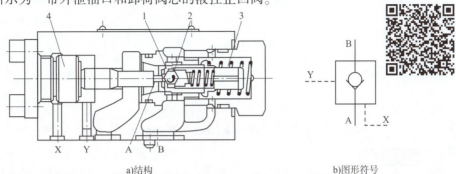

a)结构　　　　　　　　　　　b)图形符号

图 4-5　带外泄油口和卸荷阀芯的液控止回阀
1-锥阀芯；2-卸荷阀芯；3-弹簧；4-控制阀芯

（1）工作原理：控制活塞尚未推动锥阀芯，即可推动卸荷阀芯，使得 B 和 A 沟通，B 腔压力降低，从而推动锥阀芯，使得 B 口和 A 口相通。外泄口应接油箱。

（2）特点：因为 A 腔的压力没有作用于控制阀芯背面，所以可以直接接到系统中。

4）液控止回阀的应用

图 4-6 所示为一带外泄油口的液控止回阀的应用原理。

应用分析：

（1）液控止回阀的作用：锁紧液压缸的有杆腔。

（2）依据前面几种液控止回阀的特点，使用外泄式的液控止回阀更为合适。

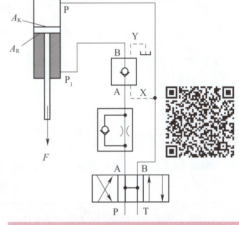

图 4-6　带外泄油口的液控止回阀的应用原理

（3）在锁紧回路中，应使用 Y 型或 H 型中位机能的换向阀。

5）双向液压锁的结构和工作原理

双向液压锁的结构如图 4-7 所示。

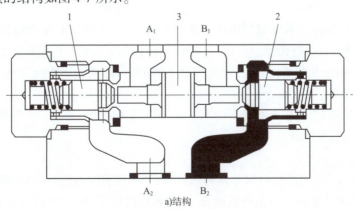

a)结构

图 4-7

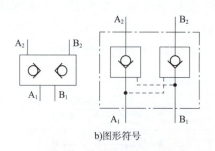

b) 图形符号

图 4-7 双向液压锁的结构
1、2-止回阀阀芯；3-控制阀芯

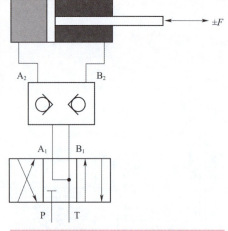

(1) 工作原理：相当于两个液控止回阀的组成。
(2) 应用：图 4-8 所示为双向液压锁的应用原理。
(3) 应用分析：
①双向液压锁的作用：锁紧液压缸的两腔。
②在锁紧回路中，应使用 Y 型或 H 型中位机能的换向阀。

1.1.3 换向阀

换向阀是通过阀芯与阀体的相对运动，从而实现相应油路的接通、切断或改变油液的流动方向。对换向阀的主要性能要求是：①油路导通时，压力损失要小；②油路断开时，泄漏量要小；③阀芯换位，操纵力要小以及换向平稳。

图 4-8 双向液压锁的应用原理

换向阀可按其结构、操纵方式、位置数和通路数等分类，见表 4-1。

换向阀类型　　　　　　　　　　表 4-1

分类方式	类 型
按阀的结构	转阀式、滑阀式
按阀的操纵方式	手动、机动(行程)、电磁、液动、电液动
按阀的位置和通路数	二位二通、二位三通、……、三位四通、三位五通……

1) 转阀式换向阀 (转阀)

转阀由阀芯 1、阀体 2 等组成。阀体上有四个通油口：进油口 P 接液压泵、回油口 T 接油箱、工作油口 A 和 B 接执行元件。工作时，阀体不动；阀芯可相对于阀体转动；转到不同的位置时，相应的油口接通和断开，使执行元件得到不同的运动，图 4-9 所示为汽车动力助力转向阀的工作原理示意图。

转阀密封性比较差，阀芯上的径向力不平衡，但其结构简单、紧凑。一般在中、低压系统中用作先导阀或小流量换向阀。

(1) 直线行驶。

图 4-10 所示为汽车直线行驶时的转向阀位置，当车辆直线行驶时控制阀收缩区 A 完全打开，油液按照图示箭头方向自由循环流动，这导致相应的油压降，当车辆直线行驶时动力缸有效输出将等于零不提供动力转向助力。

(2)汽车左转行驶。

图 4-11 所示为汽车左转行驶时的转向阀位置,仅在动力辅助转向时由旋转阀控制提供合适的动力。当车辆在动力助力转向下左转时,阀芯 1 和阀体 2 随着要求的动力增加,阀芯转向左侧,阀芯右侧的油槽关闭,这导致相应的系统油压增加,增大的压力通过管路发送到动力缸的左侧,活塞被推向右侧,这样产生辅助动力。通过齿轮齿条转向机、齿条和横拉杆,辅助动力被机械地传递到车轮,轮胎摆动以实现车辆向左转向。

当右转时,与上述工作情况相反。这里不再重复。

2)滑阀式换向阀(换向阀)

滑阀式换向阀在液压系统中远比转阀式换向阀用得广泛。

(1)换向阀换向示意图。

图 4-12 所示为换向阀换向示意图。图 4-12a)换向阀处于中位,液压缸停在当前位置;图 4-12b)换向阀处于左位,液压缸伸出;图 4-12c)换向阀处于右位,液压缸退回。

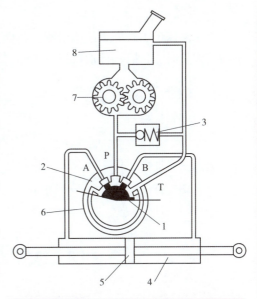

图 4-9 汽车转向阀工作原理及应用
1-阀芯;2-阀体;3-限压阀;4-齿条;5-活塞;6-转向阀;7-齿轮泵;8-油箱

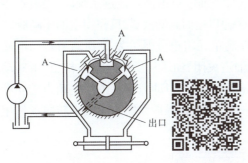

图 4-10 汽车直线行驶时的转向阀位置

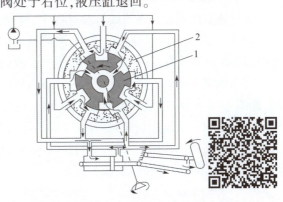

图 4-11 汽车左转行驶时的转向阀位置
1-阀芯;2-阀体

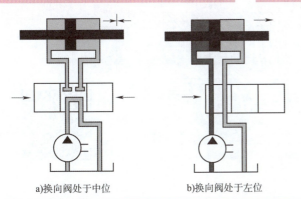

a)换向阀处于中位　　b)换向阀处于左位　　c)换向阀处于右位

图 4-12 换向阀换向示意图

(2)滑阀式换向阀的结构。

汽车液压助力转向系统中滑阀式换向阀的典型结构如图 4-13 所示。工作原理为：此阀处于当前位置时，进油口、回油口以及工作口均相通。

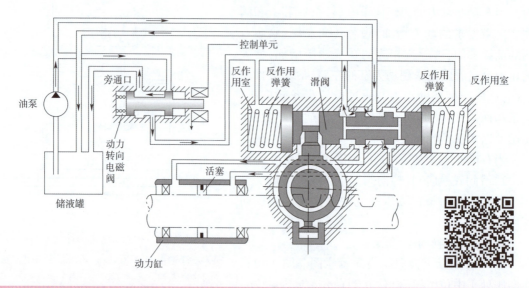

图 4-13　汽车液压转向三位四通电控滑阀式换向阀

① 低速直线行驶。在直线行驶过程中，滑阀假定中间位置如图 4-13 所示，压力油液按照图 4-13 所示箭头方向从油泵中流出，油液返回储液罐，当油液自由循环流过系统时，没有产生足以移动齿条的压力，系统位于中间位置。油液通过旁通口返回到储液罐，反作用室油压降低。

② 车辆完全转向。汽车在完全左转或右转时，控制单元将电气脉冲发送到动力转向电磁阀，如图 4-14 所示，电磁阀被推到左侧，油泵的旁通油道关闭，油压从反作用室中排出，滑阀动作现在完全取决于反作用弹簧力，油泵输出压力通过滑阀，在动力助力活塞中产生动力转向助力。在没有施加反作用压力时，滑阀移动的动力仅来自弹簧，获得最大助力而减小转向盘作用力，该动力足以使车辆转向轻便和容易。

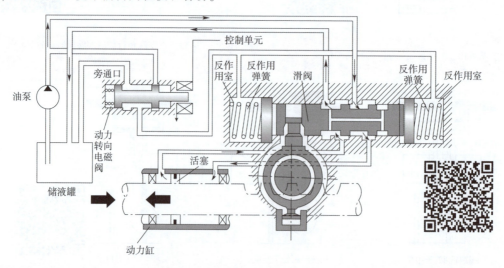

图 4-14　汽车电控滑阀式完全转向示意图

(3) 三位四通换向阀的中位机能。

三位阀有三个工作位置,根据需要,执行元件可在左位或右位工作。三位换向阀的阀芯在中间位置时,各通口间有不同的连通方式,可满足不同的使用要求,这种连通方式称为换向阀的中位机能。不同的中位机能是在阀体的尺寸不变的情况下,通过改变阀芯的形状和尺寸得到的。常见的中位机能、符号及其特点见表 4-2。

各种滑阀的中位机能　　　　　表 4-2

滑阀机能	滑阀状态	中位符号	特点及应用
O	T(T₁) A P B T(T₂)	A B / P T	各油口全封闭,液压缸两腔闭锁,泵不卸载,可用于多个换向阀并联工作
H			各油口互通,液压缸活塞浮动,泵卸载
Y			油口 A、B 通回油 T、油口 P 封闭,活塞浮动,泵不卸载
J			系统不卸荷,缸一腔封闭,另一腔与回油连通
C			油口 P 与 A 通,B 和 T 封闭,液压泵不卸载,液压缸一腔闭锁
P			油口 P 与 A、B 油口连通、T 口封闭可组成液压缸的差动回路
K			油口 P、A、T 互通,油口 B 封闭,液压缸一腔闭锁,泵卸载
X			各油口半开启接通,液压泵压力油在一定压力下回油箱
M			油口 P 与 T 通,油口 A、B 封闭,液压泵卸载,液压缸两腔闭锁

(4) 滑阀式换向阀的符号说明。

位:即工作位置。在图形符号中用方框数即换向阀的位数。

通:对外接口的数目。任意一个方框内与外部连接的油口个数(不含控制油口)。

"⊥":表示该油口被封闭,油路不同。

"↗":表示两个工作油口相通,但箭头方向不代表油液流向。

P:进油口。

A、B:工作口。

T:回油口。

常态位:阀芯未被外力驱动时的位置。对于弹簧复位的两位阀,弹簧不起作用时为常态位;三位阀的中间位为常态位。

(5) 电液换向阀。

电液换向阀由电磁铁换向阀和液动换向阀组合而成。其中：液动换向阀实现主油路的换向，称为主阀；电磁换向阀改变液动换向阀的控制油路方向，称为先导阀。电液换向阀和液控换向阀主要用在流量超过电磁换向阀正常工作允许范围的液压系统中，对执行元件的动作进行控制，或对油液的流动方向进行控制。

如图 4-15 所示，当电磁铁都不通电时，电磁铁阀芯 9 处于中位，主阀芯 3 两端油室同时接油箱，在对中弹簧的作用下也处于中位。电磁铁 a 通电时，先导阀芯 9 左移，控制压力油 X 经过先导阀左端至主阀芯左端，推动主阀芯右移，主阀左位工作，主油路的 P 与 B 通，A 与 T 通。反之，电磁先导阀左端电磁铁 b 通电，主阀则在右位工作，主油路 P 与 A 通，B 与 T 通。

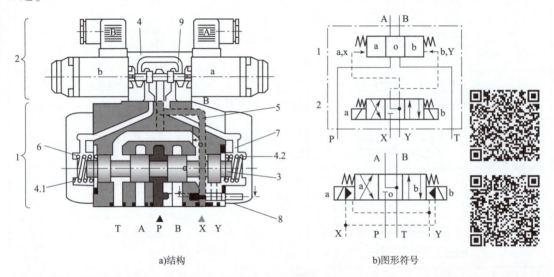

a) 结构　　　　　　　　b) 图形符号

图 4-15　电液换向阀

1-主阀（电磁换向阀）；2-先导阀（液动换向阀）；3-主阀芯；4-先导阀阀体；4.1、4.2-复位弹簧；5-外控口；6、7-控制油路；8-泄油口；9-先导阀芯

1.2　压力控制阀的识别

普通的压力控制阀包括溢流阀、减压阀、顺序阀和压力继电器，它们用来控制液压系统中的油液压力或通过压力信号实现控制。

1.2.1　溢流阀

溢流阀是通过对油液的溢流，使液压系统的压力维持恒定，从而实现系统的稳压、调压和限压。溢流阀按其结构不同可分为：直动式和先导式。

溢流阀的作用有两个：①定压溢流（常开）：在定量泵节流调速系统中，用来保持液压泵出口压力恒定，将液压泵多余的油液溢流回油箱。②安全作用（常闭）：在系统正常工作时，溢流阀处于关闭状态，只是在系统压力大于或等于其调定压力时溢流阀才打开，使系统压力不再增加，对系统起过载保护作用。

1）直动式溢流阀

（1）结构。

直动式溢流阀的结构和图形符号如图 4-16 所示。它主要由阀体 5、阀芯 4、上盖 3、弹簧 2

和调节螺母 1 等组成。P 为进油口,T 为出油口。

(2)工作原理。

图 4-17 所示为直动式溢流阀工作原理。工作原理:油压 p_E 作用在锥阀芯的下端,当液压力 F_{hyd} 小于弹簧力 F_F 时,锥阀芯关闭,溢流阀没有溢流;随着系统压力 p_E 的升高,当 F_{hyd} 大于弹簧力 F_F 时,锥阀打开,溢流阀溢流。

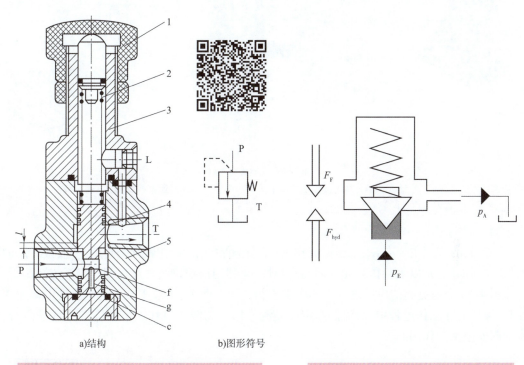

图 4-16 直动式溢流阀
1-调节螺母;2-弹簧;3-上盖;4-阀芯;5-阀体;c-阀芯底面;f-孔;g-阻尼孔

图 4-17 直动式溢流阀工作原理

(3)特点。

反应快、波动大。应用于低压(小于 2.5MPa)小流量的场合。

2)先导式溢流阀

(1)结构。

先导式溢流阀由主阀和先导阀两部分组成,如图 4-18 所示。

(2)工作原理。

先导式溢流阀工作原理如图 4-19 所示。工作原理:压力大小为 p_E 的压力油作用在主阀芯的下端,经过阻尼孔同时也作用在先导阀的左端和主阀芯的上腔,当先导阀左端的液压力小于弹簧力 F_F 时,锥阀芯关闭,主阀芯上下腔的压力相等,主阀芯在弹簧力的作用下处于关闭状态,溢流阀没有溢流;随着系统压力 p_E 的升高,当先导阀左端的液压力大于弹簧力 F_F 时,锥阀打开溢流,油液流过阻尼孔时要产生压降,主阀上腔的压力小于下腔的压力,当通过锥阀的流量达到一定大小时,主阀上下腔压差所形成的力大于主阀弹簧力、摩擦力和阀芯的自重等力。主阀芯向上运动,压力油溢流回油箱。

(3)特点:反应慢,稳定性好,适用于高压大流量场合。

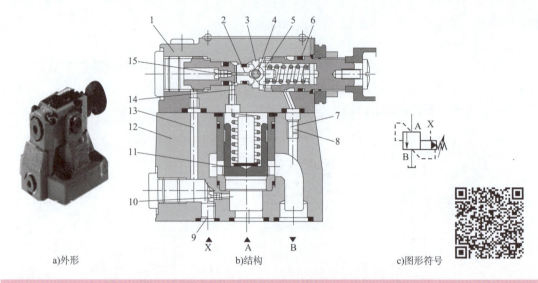

a)外形　　　　　　　　　b)结构　　　　　　　　c)图形符号

图 4-18　先导式溢流阀

1-先导阀阀体;2-进油;3-外泄通道;4-先导阀阀芯;5-弹簧座;6-调压弹簧;7-内泄通道;8-螺堵;9-外(遥)控口;10、15-阻尼孔;11-主阀芯;12-主阀阀体;13、14-径向孔

（4）应用。

溢流阀的应用主要有：①定压溢流作用；②安全保护作用；③做背压阀用，一般接在回油路上，建立回油压力，以改善执行元件运动平稳性；④利用遥控口实现远程调压或系统卸荷。

图 4-20 为溢流阀的应用之一。图中溢流阀作用有两个：①液压缸的动作速度由调速阀来控制，液压缸在动作过程中，溢流阀起定压溢流作用。②液压缸在上下两终端位置停留时，溢流阀起安全保护作用。

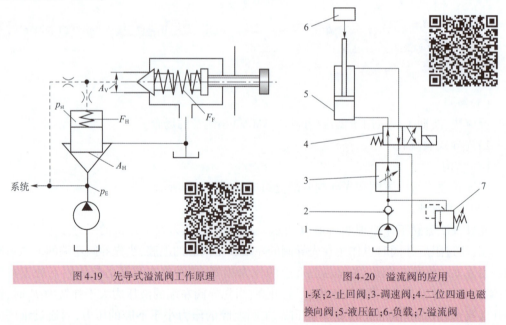

图 4-19　先导式溢流阀工作原理

图 4-20　溢流阀的应用

1-泵;2-止回阀;3-调速阀;4-二位四通电磁换向阀;5-液压缸;6-负载;7-溢流阀

1.2.2　减压阀

减压阀是一种利用液流流过节流口产生压降的原理，使出口压力低于进口压力的压力控制阀。按调节要求的不同，减压阀又可分为定值减压阀、定比减压阀、定差减压阀三种。

作用:用来减低液压系统中某一回路的油液压力,从而用一个油源就能同时提供两个或几个不同压力的输出;也有用在回路中串接一减压阀来保证回路压力稳定。根据结构不同,减压阀也分为直动式和先导式两种。

1) 直动式减压阀

(1) 结构。

直动式减压阀的结构如图 4-21 所示。

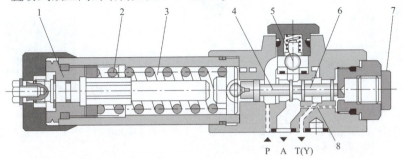

a) 结构　　　　　　　　　　　　　　　　　　b) 图形符号

图 4-21　直动式减压阀

1-调节螺母;2-调压弹簧;3-外泄口;4、6-阀芯;5-止回阀;7-螺堵;8-控制油路;P-进口;A-出口;T(Y)-外泄口

(2) 工作原理。

直动式减压阀的工作原理如图 4-22 所示。

工作原理:①当进口通入压力为 p_E 压力油时,油液经减压口从出口流出,同时,出口的油液压力 p_A 又作用于阀芯底端,产生向上的液压力,此时液压力小于弹簧力 F_F,减压口最大,不起减压作用;②当出口所产生的液压力 p_A 大于或等于弹簧力 F_F 时,推动阀芯向上移动,减压口减小,出口的压力 p_A 小于进口压力 p_E;③当出口的压力 p_A 有变化时,通过阀芯的移动使得出口压力不变,从而起到稳压的作用。

图 4-22　直动式减压阀工作原理示意图

2) 先导式减压阀

(1) 结构。

先导式减压阀的结构如图 4-23a) 所示。

(2) 工作原理。

如图 4-23b) 所示,图中 10、9 是主阀的阀芯和弹簧。4、6 是先导阀阀芯和弹簧,图示主阀芯与阀套沉割槽之间形成的减压口处于全开状态。进油压力 p_1 经减压口,再经阀芯上径向、轴向(未示出)油孔从出口流出,出口压力为 p_2。出口压力经阻尼孔 13 后作用在先导阀上,当作用于先导阀上的压力(设为 p_3)达到先导阀的调定压力时,先导阀开启,则有一控制流量流经阻尼孔 13,产生压差。该压差作用于主阀阀芯的两端,与主阀弹簧平衡。当该压差大于主阀弹簧预紧力时,主阀阀芯上移,关小阀口,使压力 p_2 降低。阻尼孔上的流量(先导流量)越大,(p_2-p_3) 越大,主阀芯所受的不平衡力越大,阀芯的提升量越大,减压口关得越小,减压作用越明显。所以,减压口的大小可由主阀芯自动调节,从而保持出口压力 p_2 恒定。

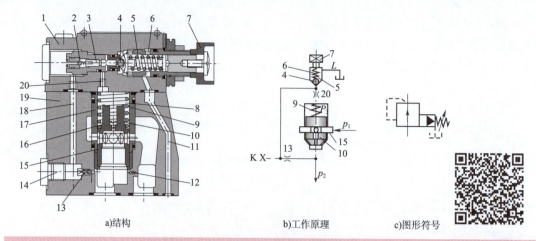

图 4-23 先导式定值减压阀

1-先导阀阀体；2-球阀；3、13、16、20-阻尼孔；4-先导阀阀芯；5-外泄口；6-调压弹簧；7-手柄；8-主阀上腔；9-主阀复位弹簧；10、15-主阀芯；11-外泄通道；12-止回阀；14-遥控口；17-阀套；18-径向孔；19-阀体

由减压阀的工作原理可知，当减压阀的进口压力 p_1（或出口压力 p_2）小于先导阀的调定压力时，先导阀关闭，阻尼孔 13 中没有流量流过，主阀芯两端压差为零，减压口全开，不起减压作用，这时减压阀相当于一通路。只有当减压阀的进口压力 p_1（或出口压力 p_2）大于先导阀的调定压力时，减压阀才工作，并维持出口压力 p_2 恒定。

对减压阀的要求是：出口压力维持恒定，不受进口压力、通过流量大小的影响。减压阀主要用于系统的夹紧、电液动换向阀的控制压力油、润滑等回路中。

减压阀还有定差减压阀和定比减压阀。它们主要用来和其他阀一起组成组合阀，如定差减压阀可保证节流阀进出口间的压差维持恒定，这种减压阀和节流阀串联连接可组成调速阀。而所谓定比减压阀可使进出口压力之比保持恒定。

1.2.3 顺序阀

顺序阀是以压力为控制信号，在一定的控制压力作用下能自动接通或断开某一油路的压力阀，保证液压系统中多个执行元件的动作有一定的先后顺序。

根据控制方式的不同可分为两类：一是直接利用阀进油口的压力来控制阀口启闭的内控顺序阀，简称顺序阀；二是独立于阀进口的外来压力控制阀口启闭的外控顺序阀，也称顺序阀。按结构不同可分为直动式和先导式顺序阀两类。顺序阀的工作原理与溢流阀类似，这里不再赘述。图 4-24 所示是直动式（止回）顺序阀结构和图形符号，图 4-25 所示是先导式（止回）顺序阀的结构和图形符号。

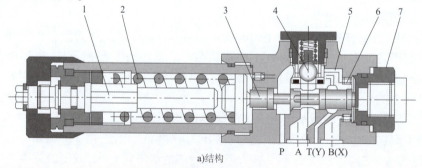

图 4-24

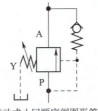
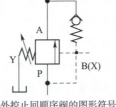

b) 直动式止回顺序阀图形符号　　c) 外控止回顺序阀的图形符号

图 4-24　直动式止回顺序阀

1-调节螺钉；2-调压弹簧；3-阀芯；4-止回阀；5-控制油路；6-内外控转换螺钉；7-螺堵；P-进口；A-出口；T(Y)-外泄口；B(X)-外控口

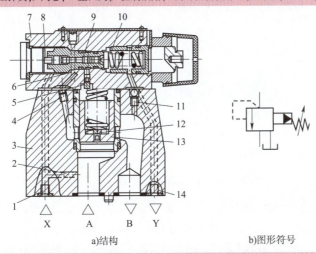

a) 结构　　b) 图形符号

图 4-25　先导式(止回)顺序阀

1、2、4、6-控制油路；3-主阀阀体；5、12-节流孔；7-先导阀体；8-先导阀芯；9-控制台肩；10-弹簧；11、14-油路；13-主阀芯

顺序阀的应用：

(1) 完成液压缸的顺序动作。

(2) 作背压阀用。

(3) 止回顺序阀可作平衡阀用。

(4) 液控顺序阀可作卸荷阀用。

(5) 保证油路的最低压力。

1.3　流量控制阀的识别

流量控制阀(简称流量阀)是在一定的压差下通过改变节流口通流面积的大小，改变通过阀口流量的阀。在液压系统中，控制流量的目的是对执行元件的运动速度进行控制。常见的流量控制阀有节流阀、调速阀等。

1.3.1　节流阀的流量特性

通过节流阀的流量特性方程为

$$q = K \cdot A \cdot \Delta p^m \tag{4-1}$$

式中：K——节流系数，薄壁小孔 $K = C_d \sqrt{2/\rho}$，细长孔 $K = d^2/(32\mu L)$；

C_d——流量系数；

ρ、μ——分别为液体的密度和动力黏度；

d、L——分别为细长孔的直径和长度；

m——系数,薄壁小孔 =1,细长孔 $m=0.5$;

A——节流孔的过流面积;

Δp——节流阀前后压差。

由式(4-1)可知,当 K、Δp 和 m 一定时,只要改变 A 的大小,就可以调节流量控制阀的流量。流量控制阀正是利用流量与面积的这种关系工作的。

1.3.2 管式节流阀

(1)结构。

管式节流阀的结构如图4-26所示,它主要由阀体4、节流阀芯2、节流口3等组成。

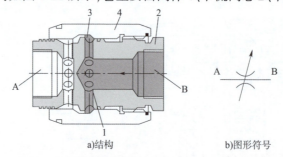

图4-26 管式节流阀
1-径向孔;2-节流阀芯;3-节流口;4-阀体(调节手轮)

(2)工作原理。

油液从B(或A)口流入,A(或B)口流出,油液都要经过节流口3,且流量的大小取决于节流口的开度。

(3)特点。

①构造简单,便于制造和维修,成本低。

②调节精度不高,不能作调节使用。

③密封面易冲蚀,不能作切断介质用。

④密封性较差。

1.3.3 止回节流阀

(1)结构与工作原理。

止回节流阀是止回阀和节流阀并联而成的组合控制阀。如图4-27所示,液体由B口向A口流动时,经过节流阀节流;反方向流动,即由A口向B口流动时,止回阀打开,不节流。

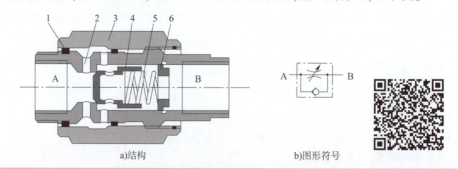

图4-27 止回节流阀
1-密封圈;2-节流口;3-阀体(调节手轮);4-阀芯;5-弹簧;6-弹簧座

(2)应用。

图4-28a)采用的是进口节流调速,图4-28b)采用的是出口节流调速。

a)进口节流调速　　b)出口节流调速

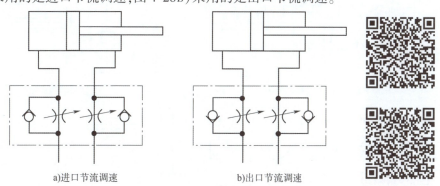

图4-28　止回节流阀的应用

1.3.4　调速阀

节流阀调节精度不高,当节流调速回路的负载变化时,节流阀前后压差 Δp 随之变化,根据式(4-1),即使节流阀开口不变,流量也会变化,即流量受负载变化影响,从而不能使执行元件速度保持稳定。为了使节流阀的流量不受负载变化的影响,必须采取压力补偿的办法使节流阀前后的压差保持在一个稳定的值上,使流量不变。这种带压力补偿的流量阀称为调速阀。

调速阀有两种具体结构:①将减压阀串联在节流阀之前,称为调速阀;②将定压溢流阀与节流阀并联,称为溢流节流阀。

1)调速阀

(1)结构与原理。

如图4-29所示,调速阀主要由定差减压阀阀芯1、节流阀4、止回阀5、减压口2、调节手轮3等组成。由于有定差减压阀(原理跟定值减压阀差不多),使得节流阀前后的压差 Δp 保持不变,因此流量与减压口大小成正比,提高了速度调节的稳定性和可靠性。

a)外形　　b)结构　　c)详细图形符号　　d)简化图形符号

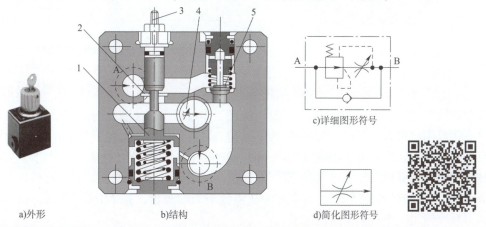

图4-29　调速阀的结构与原理图

1-定差减压阀阀芯;2-减压口;3-调节手轮;4-节流阀;5-止回阀

(2)应用。

调速阀的应用如图4-30所示,图4-30a)采用的是进口节流调速回路,图4-30b)采用的是出口节流调速回路,图4-30c)采用的是旁通节流调速回路。理论和实践都证明,采用调速阀的节流调速回路在速度调节稳定性与可靠性方面都要优于采用节流阀的调速回路。

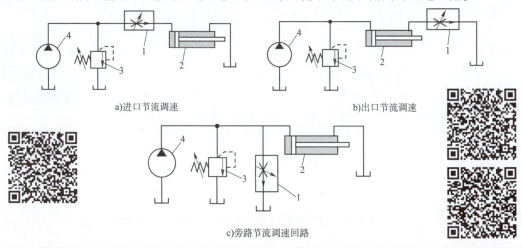

图 4-30 调速阀的应用图例
1-调速阀;2-油缸;3-溢流阀;4-泵

2) 溢流节流阀

如图 4-31 所示,溢流节流阀由溢流阀和节流阀并联而成。溢流节流阀具有的性能:阀的输入流量不管如何变化,输出流量始终保持某一不变的数值。溢流节流阀被广泛地应用于汽车液压动力转向系统中。

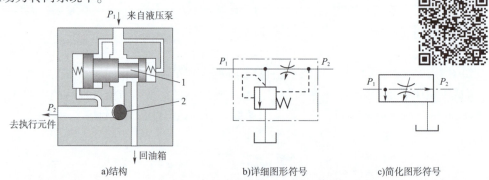

图 4-31 溢流节流阀及其图形符号
1-溢流阀阀芯;2-节流阀阀芯

汽车的转向油泵是由发动机驱动的,发动机在工作过程中转速变化的范围很大,使得油泵的流量变化范围也很大。当汽车转向时,为了减速,节气门开度减小,特别是急转弯,但这时都要求有较大的转向速度。可发动机节气门小时,转速低,油泵流量小,造成转向困难。如果油泵流量按发动机最低稳定转速来选择,则当发动机高速运转时,油量就会过大。这时就需要用溢流节流阀,当发动机高速运转时,多余的油从溢流节流阀溢走。有了溢流节流阀,就可以始终对动力系统输出一个近似恒定的流量。

1.4 其他控制阀

1.4.1 插装阀

图 4-32 所示为插装阀。图中 A、B 为主油路的两个仅有的工作油口,K 为控制油口。通过控制油口的启闭和对压力大小的控制,即可控制主阀芯的启闭和油口 A、B 的流向与压力。

1.4.2 比例阀

图 4-33 所示为电液比例控制阀，简称比例阀，它是一种把输入的电信号按比例转换成力或位移，从而对液压系统中液流的压力、流量等参数进行连续控制的一种液压阀。

图 4-32 插装阀　　　图 4-33 比例阀

1.4.3 叠加阀

叠加阀是叠加式液压阀的简称，如图 4-34 所示。叠加阀是在板式阀集成化的基础上发展起来的一种新型的液压元件，其结构特点是以阀体自身作为连接体，不需要另外的连接体，阀体本身既是液压阀的机体，又具有通道体和连接体的功能；由叠加阀组成的液压系统具有标准化、通用化、集成化程度高的优点；使用叠加阀可实现液压元件间无管化集成连接，由于无管连接，消除了因油管和管接头等引起的漏油、振动和噪声，压力损失小，系统稳定性高，使液压系统连接方式大为简化，系统紧凑，设计安装周期缩短；它具有组合灵活、使用安全可靠、外形整齐美观、使用维护方便等优点，因此，叠加阀逐渐被应用于各个领域。

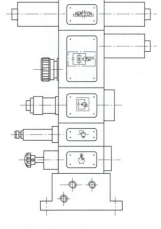

图 4-34 叠加阀

1.4.4 电液数字阀

数字阀的出现为计算机在液压领域的应用开拓了一个新的途径。电液数字阀是一种机、电、液一体化的智能型液压基础元件，不需要 D/A 转换器，可直接与计算机接口，实现对液压特性参数（压力、流量及方向）程序控制。它具有工作稳定、可靠、抗干扰能力强、重复误差和滞环小、开环控制精度高、性能价格比高等特点。图 4-35 所示为汽车 ABS 的单回路电磁阀（左前轮与右后轮）。

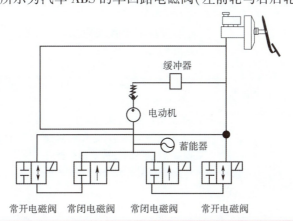

图 4-35 汽车 ABS 的单回路电磁阀

课堂讨论

1. 请在黑板上画出各种方向控制阀的图形符号,并描述其应用。
2. 请表述换向阀的工作原理。
3. 请表述压力控制阀的类型及应用场合。
4. 请表述流量控制阀的类型及应用场合。

1.5 知识拓展——液压控制阀常见故障与排除

液压控制阀常见故障与排除见表4-3。

液压控制阀常见故障与排除　　　　　　　　表4-3

阀	现象	原因	排除方法
止回阀	(1)反向密封性能不好	(1)阀芯锥面与阀座配合处产生缝隙; (2)关闭不严或不能关闭	(1)阀芯与阀座的同轴度是否满足要求,阀芯与阀座的接触面是否有损伤或接触不良;重新铰、研加工或更换; (2)阀座是否碎裂、复位弹簧是否太软、弯曲甚至折断,更换相应零件
	(2)双向液压锁不能锁止	控制活塞曾被磕伤、拉毛、控制油内有杂质卡住控制活塞,或者是活塞与阀体内活塞孔制造时精度误差较大等	控制活塞动作是否灵活,有无卡阻。将不符合要求的零件重新研配,若仅是间隙太小,则应研配阀芯,或更换零件
换向阀	(1)手动换向阀阀芯动作不灵活甚至卡死	(1)油脏使阀杆卡住; (2)阀体变形太大; (3)密封圈损坏而造成阀体两端产生外泄漏	(1)应拆开清洗; (2)应重新安装阀体螺钉和螺杆,使之受力均匀; (3)更换密封圈
	(2)直流电磁换向阀阀芯不动作、电磁铁通电不换向;电磁铁断电阀芯不复位	(1)阀芯被毛刺、毛边、垃圾等杂质卡住; (2)板式阀的安装底板翘曲不平,阀体紧固螺钉旋紧后,引起阀体变形而卡住阀芯; (3)复位弹簧折断或卡住; (4)有专用泄油口的电磁铁,泄油口未接通油箱,或泄油管路背压太高造成阀芯"闷车"而不能移位	(1)清洁阀芯; (2)修复底板或更换; (3)更换弹簧; (4)重新检查并修复

续上表

阀	现　　象	原　　因	排除方法
换向阀	(2)直流电磁换向阀阀芯不动作、电磁铁通电不换向；电磁铁断电阀芯不复位	(5)磁阀安装位置不正确,未使轴线处于水平状态,而是倾斜和垂直着,故由阀芯、衔铁自重等原因造成换向或复位不能正常到位； (6)弹簧太硬,阀芯推移不动或推不到位；弹簧太软,在电磁铁断电后,阀芯不能自动复位； (7)温度太高,阀芯受热膨胀卡住阀体孔； (8)电磁铁损坏	(5)按规定重新调整磁阀安装位置； (6)更换弹簧； (7)冷却或过段时间再工作； (8)更换电磁铁
溢流阀	(1)调压失灵　①旋动调压手轮,加载后压力达不到规定值 ②系统压力上升后,立刻失压,旋动手轮再也不能调节起压力 ③系统在超载时超压,甚至超高压,溢流阀不起溢流保护作用	(1)由于调压弹簧变形、断裂或弹力太弱；选用错误；调压弹簧行程不够；先导锥阀密封不良,泄漏严重；远程遥控口泄漏；主阀芯与阀座(锥阀式)或与阀体孔(滑阀式)密封不良,泄漏严重等； (2)大多因主阀芯阻尼孔在使用中突然被污物堵塞所致； (3)先导锥阀前的阻尼孔被堵塞	(1)采用更换、研配等方法进行处理； (2)查明原因并清洁； (3)拆洗阀件
溢流阀	(2)压力不稳定,脉动较大	(1)先导阀稳定性不好,锥阀与阀座同轴度不好,配合不良,或是油液污染严重,有杂质卡夹锥阀,使锥阀运动不规则； (2)油液中有气泡或油温太高	(1)纠正阀座的安装,研修锥阀配合面,并控制油液的清洁度,清洗阀件； (2)完全排除系统内的空气并采取措施降低油液温度即可
溢流阀	(3)压力调节反应迟缓	(1)弹簧刚度不当,或扭曲变形有卡阻现象； (2)主阀芯阻尼孔被杂质污物堵而不塞,但通流面积大为减少； (3)管路系统有空气	(1)更换适用弹簧； (2)拆洗阀芯等零件,疏通孔道； (3)对执行元件进行全程运行,驱除系统内空气

续上表

阀	现 象	原 因	排 除 方 法
减压阀	(1)减压出油口压力上不去,且出油很少或无油流出	(1)主阀芯阻尼孔堵塞; (2)主阀芯在关闭状态下被卡死; (3)手轮调节不当或调压弹簧太软; (4)先导锥阀密封不好,泄漏严重; (5)外控口未封堵或泄漏严重	(1)拆洗阀件; (2)查明原因并排除; (3)重新调节手轮或更换弹簧; (4)查明原因并排除; (5)查明原因并排除
	(2)不起减压作用	(1)先导阀上阻尼孔堵塞; (2)泄油口堵塞; (3)主阀芯在全开状态下被卡死; (4)止回减压阀中,因止回阀泄漏严重,进油口压力油由此流至出油口,故进出油口压力也同步变化	(1)拆洗阀件; (2)疏通泄油孔; (3)查明原因并排除; (4)查明原因并排除
	(3)二次压力不稳定	(1)先导调压弹簧扭曲、变形或阀口接触不良,形状不规则,使锥阀启闭时无定值; (2)主阀芯与阀孔几何精度差,阀芯工作移动不滑利; (3)主阀芯中阻尼孔或其进口处有杂物,使阻尼孔有时堵塞有时畅通,阻尼作用不稳定; (4)系统中及阀内存有空气	(1)更换先导调压弹簧; (2)重新修配; (3)拆洗阀件,疏通孔道; (4)对执行元件进行全程运行,驱除系统内空气

 思考题

1. 各种方向控制阀的图形符号是怎样的?并描述其应用。
2. 请表述换向阀的工作原理。
3. 举例说明汽车上用到哪些液压阀?其原理是什么?
4. 液压阀常见的故障有哪些?如何诊断与排除?

项目 5 液压传动辅助装置的识别

任务 1 　液压传动辅助装置的识别

知识目标

1. 正确叙述液压辅助元件的分类与应用。
2. 正确叙述各种液压辅助元件的结构与原理。

能力目标

1. 能表述液压辅助元件的分类与应用。
2. 能识别各种液压辅助元件的符号,描述其职能。

素养目标

1. 具备应用网络查询有关汽车三滤知识及维修的素养。
2. 具备联系专业知识查询汽车液压辅助元件结构特点的素养。

知识链接

　　液压系统中的辅助装置,如密封装置、过滤器、油箱、蓄能器等,对系统的工作性能有直接的影响,甚至使系统不能正常工作,因此必须给予足够的重视。辅助装置中油箱须根据系统要求自行设计,其他辅助装置则为标准件,根据具体情况选用即可。

1.1 　密封装置的使用

1.1.1 　O 形密封圈

　　O 形密封圈(简称 O 形圈)是一种截面为圆形的橡胶圈,如图 5-1 所示(图中截面上两块凸起表示压制加工时由分模面挤出的飞边)。O 形圈一般用丁腈橡胶制成,因为它与石油基液压油有良好的相容性。O 形圈可安装在外圆或内圆上截面为矩形的槽内起密封作用,如图 5-2a)、b) 所示。装配后,橡胶圈在径向有一定压缩,依靠压缩变形在耦合面上产生一定接触应力而起到密封作用。当受压力油作用时,O 形圈被挤压到槽的一侧,如图 5-2c) 所示,使耦合面上的接触应力增加,故在压力油作用下仍有良好的密封作用。O 形圈既可用于动密封,又可用于静密封。无论静密封或动密封,当压力较高时,O形圈都可能被压力油挤进配合间隙,引起密封圈损坏。为了避免这种情况发生,在O形圈的一侧或两侧增加一个挡圈,挡圈用比橡胶硬的聚四氟乙烯制成,如图5-3所示。

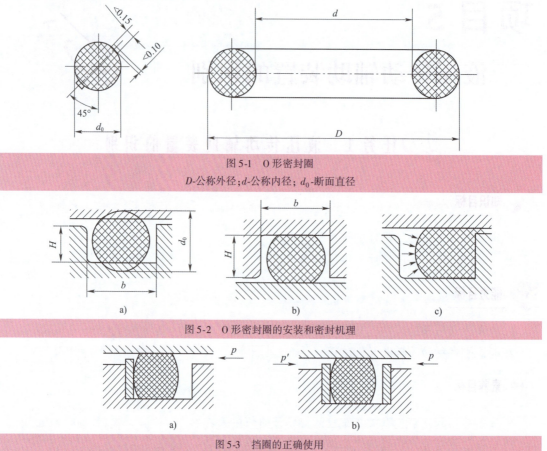

图5-1 O形密封圈
D-公称外径;d-公称内径;d_0-断面直径

图5-2 O形密封圈的安装和密封机理

图5-3 挡圈的正确使用

1.1.2 Y形密封圈

Y形密封圈如图5-4所示,一般用耐油的丁腈橡胶制成。它依靠略为张开的唇边贴于密封面而保持密封。在油压作用下,唇边作用在密封面上的压力随之增加,并在磨损后有一定的补偿能力。因此,Y形密封圈有较好密封性能,且能保证较长的使用寿命。在装配Y形密封圈时,一定要使唇口对着有压力的油腔,才能起密封作用。使用时可将它直接装入沟槽内,如图5-5所示。但在工作压力波动大、滑动速度较高的情况下,要采用支承环来定位,如图5-6所示。

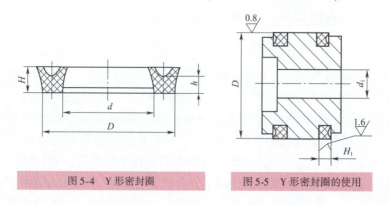

图5-4 Y形密封圈   图5-5 Y形密封圈的使用

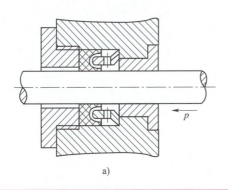
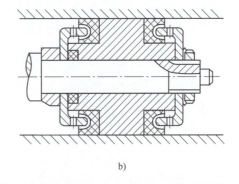

图 5-6　Y 形密封圈附加支承环

Y 形密封圈密封可靠，寿命较长，摩擦力小，适用的工作温度为 -30~120℃，工作压力为 20MPa，速度 $v<0.5\text{m/s}$。

1.1.3　V 形密封圈

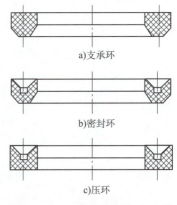

V 形密封圈用带夹织物的橡胶制成，由支承环、密封环和压环三部分叠合组成，如图 5-7 所示。当要求密封的压力高时，可增加密封环的数量，其最高压力可达 50MPa。安装时注意方向，即密封环的开口应面向压力。

V 形密封圈耐高压，密封性能可靠，但密封处摩擦力较大。V 形密封圈的压紧力可通过调节装置调整，如图 5-8 所示。合适的压紧力既可保证良好的密封性能，又可避免过大的摩擦力。密封圈磨损后，通过调整使密封装置仍保持原有的性能，故 V 形密封圈的使用寿命较长。其工作温度为 -40~80℃，工作压力可达 50MPa。

图 5-7　V 形密封圈

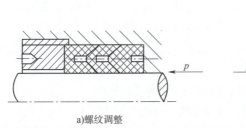
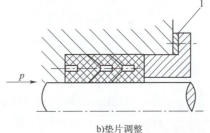

图 5-8　V 形密封圈的调整装置
1—调整垫片

1.1.4　油封

油封通常是指对润滑油的密封，用于旋转轴上，对内封油，对外防尘。油封分为无骨架油封和有骨架油封两种，如图 5-9 所示。

油封装在轴上，要有一定的过盈量。油封的唇边对轴产生一定的径向力，形成一稳定的油膜。油腔的工作温度比工作介质温度一般高 20~40℃，所以一般采用丁腈橡胶和丙烯酸酯橡胶。油封的工作压力不能超过 0.05MPa。油封安装时，一定要使唇端朝着被密封的油液一侧。

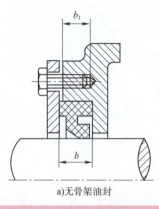
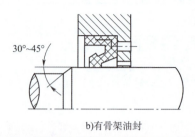

a) 无骨架油封　　　　　　　　　b) 有骨架油封

图 5-9　油封

1.2　过滤器的识别与安装

1.2.1　过滤器的作用及主要性能指标

汽车液压系统含有各种不同来源的污染物,如图 5-10 所示。过滤器的作用是过滤掉油液中的杂质,净化油液,使其污染程度控制在允许的范围内,保证液压系统能够正常工作。

过滤器的主要性能指标有:过滤精度,允许压力降,纳垢容量,过滤能力以及工作压力。

(1) 过滤精度。过滤精度也称绝对过滤精度,是指油液通过过滤器的球形污染物的最大直径(过滤介质的最大孔口尺寸数值),单位为 μm。

过滤器按过滤精度分为粗过滤器(能滤掉 $100\mu m$ 以上的颗粒)、普通过滤器(能滤掉 $10 \sim 100\mu m$ 的颗粒)、精过滤器(能滤掉 $5 \sim 10\mu m$ 的颗粒)以及特精过滤器(能滤掉 $1 \sim 5\mu m$ 的颗粒)。

(2) 允许压力降。油液经过过滤器时,要产生压力降,其值与油液的流量、黏度和混入油液的杂质数量有关。为了保证滤芯不被破坏或系统的压力损失不致过大,要限制过滤器最大允许压力降。过滤器的最大允许压力降取决于滤芯的强度。

(3) 纳垢容量。纳垢容量是指过滤器在压力降达到规定值以前,可以滤除并容纳的污染物数量。过滤器的纳垢容量越大,使用寿命也就越长。一般来说,过滤面积越大,其纳垢容量也越大。

(4) 过滤能力。过滤能力也称通油能力,是指在一定压差下允许通过过滤器的最大流量。

(5) 工作压力。不同结构形式的过滤器允许的工作压力也各不相同,选择过滤器时应考虑允许的最高工作压力。

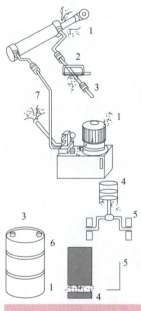

图 5-10　不同来源污染物示意图

1-外部的污染物;2-系统装配时造成的系统污染;3-起动造成的污染;4-内部污染;5-磨损造成的污染;6-新油带来的污染;7-维修时可能造成的污染

1.2.2　几种常见的过滤器

1) 网式过滤器

网式过滤器的结构如图 5-11 所示。它由上盖 1、下盖 4、一层或几层铜丝网 2 以及四周开有若干大孔的金属或塑料筒形骨架 3 等组成。这种过滤器的过滤精度与铜丝网的网孔大小和层数有关,过滤精度为80~400μm。网式过滤器通油能力强,压力损失小,容易清洗,但过滤精度不高,主要用于泵的吸油口。

2) 线隙式过滤器

线隙式过滤器结构如图5-12所示。其滤芯采用绕在骨架上的铜丝(或铝丝)来代替网式过滤器中的铜丝网。过滤精度取决于铜丝间的间隙,故称为线隙式过滤器。常用线隙式过滤器的过滤精度为100~200μm,精密的线隙式过滤器可达20μm,但相应的压力损失也略大。此类型的过滤器常用于液压系统的压力管道以及某些内燃机的燃油过滤系统中。图5-12中1为发讯装置,当过滤器堵塞、压力降增加时,它将发出信号,以便及时清洗或更换滤芯。

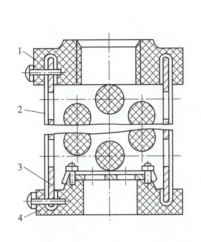 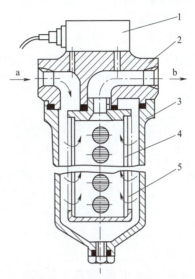

图5-11 网式过滤器　　　　　　　图5-12 线隙式过滤器
1-上盖;2-铜丝网;3-骨架;4-下盖　　1-发讯装置;2-端盖;3-壳体;4-骨架;5-铜丝

3) 纸芯式过滤器

纸芯式过滤器纸以处理过的滤纸作为过滤材料。为了增加过滤面积,滤芯上的纸呈波纹状,如图5-13所示。过滤精度为5~30μm。纸芯式过滤器性能可靠,是液压系统中广泛采用的一种过滤器,但纸芯强度较低,且堵塞后不能清洗,必须更换纸芯。

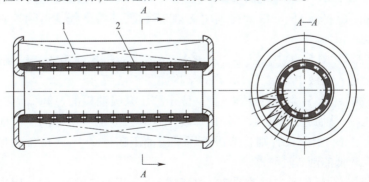

图5-13 纸芯式过滤器
1-滤纸;2-骨架

1.2.3 过滤器的选用和安装

1）过滤器的选用

选用过滤器时,要考虑下列几点：

(1) 过滤精度应满足预定要求。

(2) 能在较长时间内保持足够的通流能力。

(3) 滤芯具有足够的强度,不因液压的作用而损坏。

(4) 滤芯抗腐蚀性能好,能在规定的温度下持久地工作。

(5) 滤芯清洗或更换简便。

因此,过滤器应根据液压系统的技术要求,按过滤精度、通流能力、工作压力、油液黏度、工作温度等条件来选定其型号。

2）过滤器的安装

图 5-14 列出了液压系统中过滤器的各种安装位置。

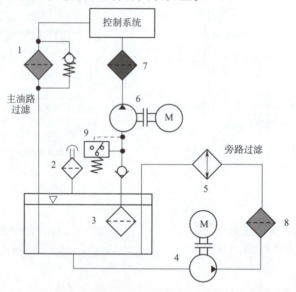

图 5-14　滤油器在开式回路中的布置

1-回油过滤器;2-空气过滤器;3-吸油过滤器;4-旁路过滤油泵;5-冷却器;6-主液压泵;7-压油过滤器;8-旁路过滤器;9-压力开关

(1) 回油过滤器（图 5-14 中过滤器 1）。位于回油管路上的过滤器使油液在流回油箱前先经过过滤,这样油箱（系统）中的油液得到净化,或者说使其污染程度得到控制。这种过滤器壳体的耐压性能可较低。

(2) 空气过滤器（图 5-14 中过滤器 2）。空气过滤器对进出油箱的空气流进行过滤,防止空气中的污染物进入油液中。空气过滤器的结构如图 5-15 所示。

(3) 吸油过滤器（图 5-14 中过滤器 3）。位于液压泵吸油口的过滤器用以避免较大颗粒的杂质进入液压泵,从而起到保护泵的作用。要求这种过滤器有很大的通流能力和较小的压力损失（不超过 $0.1 \times 10^5 Pa$）,否则将造成液压泵吸油不畅、产生空穴现象和强烈的噪声。一般采用过滤精度较低的网式过滤器。

(4) 压油过滤器（图 5-14 中过滤器 7）。位于液压泵压油口的过滤器,用来保护除液压泵以外的其他液压元件。由于它在高压下工作,要求过滤器外壳有足够的耐压性能。它一般装在压力管路中溢流阀的下游或者与一溢流阀并联,以防止过滤器堵塞时液压泵过载。

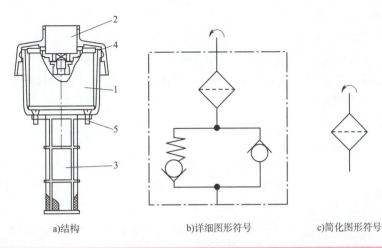

a) 结构　　　　　　b) 详细图形符号　　　　c) 简化图形符号

图 5-15　空气过滤器

1-过滤元件；2-污染指示器；3-加油用滤网；4-壳体；5-安装螺钉

（5）旁路过滤器（图 5-14 中过滤器 8）。这类滤油器用于对油箱内循环的流体进行过滤，通常使用完整的旁路过滤组件，包括泵、滤油器和冷却器。旁路过滤器的优点：过滤运行可独立于液压系统的运行周期，且流经滤油器的流量保持恒定和较低的脉动。这样就延缓了液压流体的老化进程，提高了使用寿命。

1.2.4　知识拓展——汽车三滤

1）空气滤清器（图 5-16）

（1）空气滤清器的功能。

为了使发动机正常运作，必定要有大量的纯净空气吸入。如果空气中对发动机有害的物质（灰尘、胶质、氧化铝、酸化铁等）被吸入，缸筒、活塞组件会增加负担，使缸筒、活塞组件异常磨损，以至混入发动机机油，造成更大幅度的磨损，导致发动机性能劣化、缩短发动机寿命。空气滤清器可以减少发动机磨损，同时空气滤清器还具有消声功能。空气滤清器一般要求车辆行驶 10000km 换一次，才能达到最佳使用效果。

（2）空气滤清器的类型。

按照滤清原理，空气滤清器可分为过滤式、离心式、油浴式、复合式几种。目前，发动机中常用的空气滤清器主要有惯性油浴式空气滤清器、纸质干式空气滤清器、聚氨酯滤芯空气滤清器等几种。惯性油浴式空气滤清器先后经过惯性式滤清、油浴式滤清、过滤式滤清三级滤清，后两种空气滤清器主要通过滤芯过滤式滤清。惯性油浴式空气滤清器具

图 5-16　空气滤清器

有进气阻力小、能适应多尘多沙的工作环境、使用寿命长等优点，以前在多种型号的汽车、拖拉机的发动机上采用。但这种空气滤清器滤清效率较低、质量大、成本高、维护不便，在汽车发动机中已逐渐被淘汰。纸质干式空气滤清器的滤芯采用经过树脂处理的微孔滤纸制成，滤纸多孔、疏松、折叠，有一定的机械强度和抗水性，具有滤清效率高、结构简单、质量轻、成本低、维护方便等优点，是目前应用最广泛的汽车用空气滤清器。聚氨酯滤芯空气滤清器的滤芯采用柔软、多孔、海绵状的聚氨酯制成，吸附能力强，这种空气滤清器具有纸质干式空气滤清器的优点，但机械强度低，在轿车发动机中使用较为广泛。后两种空气滤清器的缺点是使用寿命较

短,在恶劣环境条件下工作不可靠。

各种空气滤清器各有优缺点,但不可避免地都存在进气量与滤清效率之间的矛盾。随着对空气滤清器的深入研究,对空气滤清器的要求也越来越高。近年来,出现了一些新型的空气滤清器,如纤维滤芯空气滤清器、复式过滤材料空气滤清器、消声空气滤清器、恒温空气滤清器等,以满足发动机工作的需要。

2)空调滤清器(图5-17)

(1)空调滤清器的作用。

用于过滤汽车车厢内的空气及车厢内外的空气循环的过滤。除去车厢内的空气或进入车厢内空气中的灰尘、杂质、烟臭味、花粉等,以保证乘客的身体健康及除去车厢内的异味,同时空调滤清器还具有使风窗玻璃不易雾化的功能。空调滤清器一般要求车辆行驶10000km更换一次,才能达到最佳效果。误区:一般人会认为,夏季开空调了空调滤芯才起作用;其实一年四季都在用于过滤进入车内的空气,这对于人的健康是很重要的。

图5-17 空调滤清器

德国汉诺威医学院的研究人员经过研究发现,汽车空调系统能够除去来自车外的80%以上的细菌、真菌孢子和颗粒物,对于有呼吸道疾病和过敏症状的人来说颇有益处。但研究人员同时强调,实验对象内的空调系统一直得到合理的维护,空气过滤器定期得到更换,(这里的空气过滤器,是指汽车空调用的空气过滤器,也就是我们平时所说的,汽车空调滤清器、空调过滤器、空调滤芯、冷气格等通俗叫法)。他们建议车主在闻到可疑气味时尽快检查空调系统。

(2)空调滤清器的清洁方法。

如果滤清器很脏,则使用压缩空气自下而上进行清洁,使气枪与滤清器保持5cm(厘米),并以500kPa(千帕)吹大约2min。如达不到清洁效果,则请经销商进行清洁。

(3)检查的时间间隔。

按照维护计划检查并更换空调滤清器。在多尘或交通拥挤的地区,可能需要提前更换。如果通风口的气流明显减弱滤清器可能堵塞。检查滤清器,如有必要则进行更换。为防止损坏系统确保安装了滤清器。使用空调系统时如果不带滤清器可能会损坏系统。不要用水清洁滤清器。

清洁或更换空调滤清器时,必须先关闭空调系统。

3)机油滤清器(图5-18)

(1)机油滤清器的作用。

作为发动机的一个部件,在润滑系统中起着十分重要的作用,可将发动机在燃烧过程中产生并混入机油中的金属磨屑、碳粒及机油逐渐产生的胶质等杂质过滤掉。这些杂质会加速运动零件的磨损,易造成润滑油路堵塞,机油滤清器保证了发动机正常运转,使发动机的使用寿命大大提高,也可延长其他零部件的使用寿命。

(2)机油滤清器的类型。

机油滤清器的过滤原理可以分为三类:机械分离、离心分离和磁性吸附。

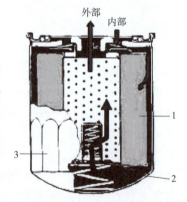

图5-18 机油滤清器
1-滤芯;2-溢流阀;3-壳体

机械分离按其作用形式又可分为纯机械分离、架空分离和吸附分离三种，纯机械分离常见的有网格过滤，在滤材表面上有一定尺寸的小孔，机油中的固态粒子，尺寸大于小孔的就被阻拦在滤材外表面上。架空分离是指先有一个或数个小粒子附着于尺寸大于它们的滤材孔穴的内壁上，使孔穴的尺寸变小，后来的粒子因为通不过去而堆积起来，形成架空现象，使过滤出来的粒子尺寸小于孔穴尺寸。由于机油中粒子开头多数是不规则的，所以架空现象易于形成。机油中还有胶性物质，常黏附在滤材表面或孔穴内壁，这就是吸附分离。

实际的过滤作用，不是单一原理的作用，而是上述几种原理组合起来的，这也就说明：为什么名义孔径尺寸为 $50\mu m$ 的滤网，能够对 $20\mu m$ 或更小的粒子具有一定过滤能力。

离心分离是使机油通过一个高速旋转的转子，其中杂质受离心力作用被抛向转子内壁，从而从机油中分离出来。磁性吸附是利用永久磁铁将机油中的铁质粒子吸附过来，不让它们在机油中来回循环，危害机件。

关于滤清器的分类，大致有以下几种方法：

①接过滤方式分类：有表面过滤和深度过滤。

②按过滤细度分类：有表面过滤和深度过滤。

③按在润滑系统中布置方式分类：有全流和分流式。

④按滤芯构造形式分类：有绕线式、刮片式等。

这些分类法只能反映滤清器特点的一个侧面，对某一种具体的滤清器来说，其特点常常需要穿插交叉于各种分类法之间，如刮片式精滤器是边缘型表面过滤全流式粗滤器，毛毡滤芯滤清器是深度过滤分流式精滤器，但毛毡滤芯有时也可用作全流过滤。

（3）机油滤清器的特性。

机油滤清器不仅要具备排除有害杂质的能力，而且作为润滑系统中一个部件，必须满足主机运转的要求，因此，机油滤清器有它自己的工作特性。

①流量阻力特性。在一定的流量下滤清器前后产生的压差，这个压力差即滤清器的阻力，也是压力损失值，它的数值应尽可能小。一般要求全流式滤清器在通过额定流量时的原始阻力不应大于 $0.5 \times 10^5 Pa$ 或旁通阀开启压力值的30%。滤清器的流量阻力特性可在试验台上测定。

②原始滤清效率特性。滤清清必须能滤出一定尺寸、一定数量的杂质粒子。对新滤芯测定其过滤效率，称为原始过滤效率，(一般地说，在使用中由于滤芯表面上逐渐堆积起杂质层，过滤效率越来越高。所以，滤芯在整个使用寿命期内的平均效率要比原始效率高)。测定原始滤清效率时，把含有一定数量、一定尺寸粒子的油料，以一定流量一次通过滤清器，分析过滤后油料中杂质含量，便可计算出原始过滤效率，若用多种规格的粒子进行测试，便可得出不同的效率数据。

③寿命特性。一个新滤芯从开始使用到堵塞，即滤芯前后压力差达到滤清器旁通阀开启压力的数值，或与此相应的发动机运转小时数或车辆行驶里程数，称为滤清器的寿命（一次使用寿命）。在试验台上测定这个特性时，需在试验油中不断加入堵塞杂质，使滤芯在实际使用条件下更快地堵塞。在试验过程中，定时记录滤清器前后压力差，当压力差达到旁通阀开启压力数值时，试验即告终止。到这时为止的小时数或已加入的试验杂质总量，即作为评价滤清器寿命的指标，在寿命试验中，还可以定时测定滤清器的滤清效率，称为累积滤清效率，代表滤清器在堵塞过程中过滤效率的变化，在额定的流量下，滤清器的寿命如下：理想的机油滤清器应该是流量大，阻力小，过滤效率高，寿命长。但实际上各个特性是互相制约的，如流量大时阻力

便上升;过滤效率很高的常常伴随着阻力上升快,使用寿命短等缺点。

(4)机油滤清器的滤芯品种。

①微孔滤纸滤芯。用一种树脂浸渍过的特殊滤纸,经热固化处理后挺度和强度都大为提高,能经受一定压力差的作用。由于纸滤芯在使用过程中拼插,缩短使用寿命。为了克服这一缺点,在滤芯内壁加衬网或衬内架,或在滤纸表面轧出波形瓦楞,其使用寿命可以提高2~3倍。纸滤芯通常是不维护的,堵塞后更换新的滤芯,但有时由于滤芯一时供应不上,用旧了的纸芯也可以按一定的操作规程进行清洗维护,用软毛刷轻轻地在煤油或汽油中小心清洗并用气反吹,然后继续使用。纸滤芯通常安装在主油道中作全流过滤,但也可以安装在并联于主油道的分流支路上作分流过滤。

②锯末滤芯。锯末滤芯又称木屑滤芯,用红白松木的锯末作原料,经筛网分选,拌以纸浆模压成形,烘干脱水,锯末滤芯的原料品种单一,工艺操作简单,过滤细度好,这是它的优点。但是,由于滤芯结构密实,阻力较大,一次使用寿命较短,只能用于分流过滤。

③塑料滤芯。采用一定耐热耐腐蚀的工程塑料,经模压烧结成多孔性具有深度过滤作用的滤芯。这种滤芯可以按一定规程维护后继续使用。

④金属网滤芯。用每英寸100~200目的磷铜丝网或黄铜丝网作滤芯材料,滤芯形状有圆筒形和叠片形。金属网滤芯流量大,阻力小,作用可靠,易于清洗,常用作全流过滤。过滤细度视网孔规格而定。近年来由于化学工业的发展,现在已有用尼龙材料作支承滤网的骨架,用尼龙布代替金属网,这样的结构,节省了有色金属,有利于生产发展。

⑤绕线式滤芯。用钢带或黄铜带轧成,表面上每隔一定距离有一凸起的形状,凸起的高度为0.04~0.09mm,把这种金属带绕在一个表面有沟槽的波纹筒上,上一条带的底面和下一条带的凸起面相接触,形成了许多间隙,这就是绕线缝隙式滤芯。

⑥片式滤芯。用薄钢带冲制成三种形状的钢片、滤片、间隔片、刮片。滤片的厚度为0.1~0.2mm,间隔片和刮片的厚度为0.06~0.08mm。由若干片滤片和间隔片交替叠放,组成滤芯。刮片固定在另一支柱上,每一刮片插在两个滤片之间,转动滤芯时,附着于滤芯边缘的污垢就被刮片刮掉,沉降在滤清器壳体底部,可通过排污螺塞放走。滤芯的转动,可以手动、足动,也可以机械传动。

⑦离心式滤清器。利用润滑系统本身的压力能,由通过喷嘴的油产生一个反作用力矩,驱动转子转动,转子内的油在离心力作用下,分离出固态杂质,积聚在转子内壁上,转子中心部分的油变得清洁,从喷嘴流回油底壳。这便是离心式滤清器的作用原理。若将转子中心部分的油直接引入主油道,就成为全流离心式滤清器,而把前述的结构称为分流离心式滤清器。

图5-19 燃油滤清器

4)燃油滤清器(汽油滤清器/汽油格/柴油格)(图5-19)

燃油滤清器的作用是过滤发动机燃烧所需要的燃料(汽油、柴油),阻止燃料中所带来的异物(如尘、金属粉、水分有机物等)进入发动机,防止发动机磨损及造成供油系统的阻塞。

滤芯有多孔陶瓷和纸质两种。纸质滤芯由经树脂处理过的微孔滤纸制成,滤清效率高,成本低廉,更换方便,因此得到广泛应用。

汽油滤清器有化油器式和电喷式之分,使用化油器的汽油发动机,汽油滤清器位于输油泵进口一侧,工作压力较小,一般采用尼龙外壳;电喷式发动机的汽油滤清器位于输油泵的出口一侧,工作压力较高,通常采用金属外壳。汽油滤清器的滤芯多采用滤纸,也有使用尼龙布、高分子材料的。

1.3 油箱的使用

1.3.1 油箱分类

一般按其液面是否与大气相通分为开式油箱和压力式油箱,其中开式油箱应用最广。

(1)开式油箱:如图5-20所示,油箱液面直接或通过空气过滤器间接与大气相通,油箱液面压力为大气压。

主要功用是:
①储存油液,保证供给液压系统充分的工作油液。
②散发系统工作时产生的热量。
③使油液中的污物沉淀。
④溢出渗入油液中的气体。

(2)压力式油箱:油箱完全封闭,由空气压缩机向充气罐充气,再由充气罐经滤清、干燥、减压后通往油箱液面之上,使液面压力大于大气压力,从而改善液压泵的吸油性能,减少气蚀和噪声。

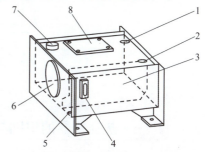

图5-20 油箱结构示意图
1-吸油管安装孔;2-回油管安装孔;3-隔板;4-液位计;5-放油孔;6-清洗孔;7-空气滤清器;8-清洗盖

1.3.2 油箱的容量确定

(1)油箱的容积包括总容积和有效容积。

(2)在油箱的有效容积确定之后,取油箱的总容积为有效容积的1.25倍,即油箱的最高液位高度占油箱总高的80%。油箱的这一高度差是为了保证液压系统停止工作时,系统的部分油液在自重作用下能返回油箱而不会溢出。

1.3.3 油箱的结构设计

进行油箱设计时,如图5-21所示,应注意以下几点:

(1)应考虑清洗、换油方便。油箱顶部或侧面要有注油孔,底面应有斜度,排油口开在最低处。

(2)油箱应有足够的容量。在液压系统工作时,液面应保持一定高度,以防止液压泵吸空。为保证当系统中的油液全部流回油箱时不致溢出,油箱液面不应超过油箱高度的80%。

(3)吸油管及回油管应隔开,最好用一个或几个隔板隔开,以增加油液循环距离,使油液有充分的时间沉淀污物,排出气泡和冷却。隔板高度,一般取油面高度的3/4。

(4)吸油管离箱底距离$H \geq 2D$,距箱壁大于$3D$(D为吸油管外径)。回油管需插入油面以下距箱底$h \geq 2d$(d为回油管外径),油管口应切成45°斜角,切口面向箱壁。

(5)油箱一般用2.5~4mm厚的钢板焊成,尺寸高大的油箱要加焊角铁和肋板,以增加刚度。油箱上若固定电动机、液压元件,则安装板要有足够的刚度。

(6)要防止油液渗漏和污染。油箱上的盖板以及油管进、出口处要加密封装置。注油口应安装滤网。通气孔需安装空气过滤器。

(7)油箱应便于安装、吊运和维修。

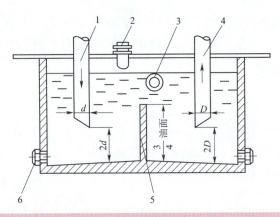

图 5-21 油箱结构示意图
1-回油管；2-注油口；3-油位计；4-吸油管；5-隔板；6-泄油口

1.4 热交换器的识别与维护

液压系统中常用油液的工作温度以 40～60℃ 为宜，最高不大于 60℃，最低不小于 15℃。温度过高将使油液迅速变质，同时使液压泵的容积效率下降；温度过低使液压泵吸油困难。为控制油液温度，油箱常配有冷却器和加热器，其图形符号如图 5-22 所示。

a)加热器图形符号

b)冷却器图形符号

图 5-22 加热器和冷却器的图形符号

1.4.1 冷却器

液压系统中的功率损失几乎全部变成热量，使油液温度升高。如果油箱有足够的散热面积，最后的平衡温度就不致过高。如果散热面积不够，则需采用冷却器，使油液的平衡温度降低到合适的范围内。按冷却介质不同，冷却器可分为风冷、水冷和氨冷等多种形式。一般液压系统中主要采用前两种。

水冷式冷却器有蛇形管式、多管式和波纹板式等。蛇形管式冷却器如图 5-23a) 所示。它直接装在油箱内，冷却水在蛇形管内部通过，把油液的热量带走。这种冷却器结构简单，但冷却效率低，耗水量大。多管式冷却器如图 5-23b) 所示。它是一种强制对流式冷却器。水在水管中流动，而油液在水管周围流动。这种冷却器散热效率较高，但体积稍大。

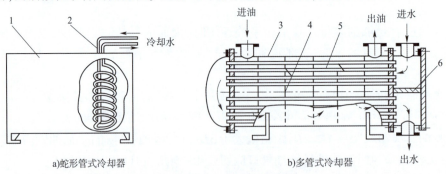

图 5-23 水冷式冷却器
1-油箱；2-蛇形管；3-外壳；4-挡板；5-铜管；6-隔板

风冷式冷却器由风扇和许多带散热片的管子组成。油液从管内流过，风扇迫使空气穿过管子和散热片表面，使油液冷却。它的冷却效率较水冷式的低，但使用时不需要水源，比较方便，特别适用于行走机械的液压系统。

冷却器一般安装在回油路,以避免承受高压。

1.4.2 加热器

液压系统中油液的加热可采用蒸汽加热或电加热。使用电加热器时,直接与加热器接触的油液温度可能很高,会加速油液的老化,所以电加热器应慎用。

1.4.3 热交换器的维护

热交换器经过长时间运行,不可避免地出现了水垢、锈蚀、腐蚀等问题,热交换器的冷却、冷冻水未经处理有极强的腐蚀性,如将普通钢片或铁钉放入水中,几天后就会出现铁锈,放置时间越长则锈蚀越严重。设备内壁常因腐蚀造成锈渣脱落,甚至于穿孔,脱落的锈渣会堵塞盘管,使换热效果下降;同时腐蚀的存在使设备的使用寿命大为缩短。

如热交换器因腐蚀泄漏、溶液污染,则需更换铜管,更换溶液,维修主机,维修费用都很贵。而经过处理后,既可减少维修费用,又可延长设备使用寿命。为使热交换器系统在最优化状态下运行,就必须对热交换器系统的水系统进行专门的化学药物处理。

清除水垢、锈蚀、粘泥、杀菌和防腐蚀处理方法有:

(1) 化学清洗杀菌:加入化学清洗剂和杀菌剂,将系统内的浮锈、垢、油污、细菌和藻类清洗分散排出,还原成清洁的金属表面。

(2) 日常养护:加入缓蚀阻垢剂,避免金属生锈,防止钙镁离子结晶沉淀。

1.5 蓄能器的识别与使用

1.5.1 蓄能器的功用

蓄能器的功用主要是储存油液的压力能。在液压系统中常用在以下几种情况:

(1) 短时间内大量供油。在间歇工作或实现周期性动作循环的液压系统中,蓄能器可以把液压泵输出的多余压力油储存起来。当系统需要时,再由蓄能器释放出来,这样可以减少液压泵的额定流量,从而减小电动机功率消耗,降低液压系统温升。

(2) 吸收液压冲击和压力脉动。蓄能器可用于吸收由于液流速度和方向急剧变化所产生的液压冲击,使其压力幅值大大减小,以避免造成元件损坏。在液压泵出口处安装蓄能器,可吸收液压泵的脉动压力。

(3) 维持系统压力。在液压系统中,当液压泵停止供油时,蓄能器可向系统提供压力油,补偿系统泄漏或充当应急能源,使系统在一段时间内维持压力,避免停电或系统故障原因造成的油源突然中断而损坏机件。

1.5.2 蓄能器的类型及特点

蓄能器主要有弹簧式和气体隔离式两种类型,它们的结构简图和特点见表5-1。目前,气体隔离式蓄能器应用广泛。

使用蓄能器应注意以下几点:

(1) 气体隔离式蓄能器中应使用惰性气体(一般为氮气),允许工作压力视蓄能器结构形式而定。

(2) 蓄能器一般应垂直安装,油口向下。

(3) 装在管路上的蓄能器须用支板或支架固定。

(4) 用于吸收液压冲击和压力脉动的蓄能器应尽可能安装在振源附近。

(5) 蓄能器与管路之间应安装截止阀,供充气和检修时使用。蓄能器与液压泵之间应安装止回阀,以防止液压泵停车时蓄能器内的压力油倒流。

(6)不能在蓄能器上进行焊接、铆接及机械加工;蓄能器绝对禁止充氧气,以免引起爆炸;不能在充油状态下拆卸蓄能器。

蓄能器的类型及特点　　　　　表5-1

名称		结构简图及图形符号	特点及说明
弹簧式		(弹簧、活塞、液压油结构图及图形符号)	(1)利用弹簧的伸缩来储存、释放压力能; (2)结构简单,反应灵敏,但容量小; (3)供小容量、低压回路缓冲之用,不适用于高压或高频的工作场合
气瓶式		(压缩空气、液压油结构图及图形符号)	(1)利用气体的压缩和膨胀来储存、释放压力能,气体和油液在蓄能器中直接接触; (2)容量大,惯性小,反应灵敏,轮廓尺寸小,但气体容易混入油内,影响系统工作的平稳性; (3)只适用于大流量的中、低压回路
气体隔离式	活塞式	(气口、壳体、活塞结构图及图形符号)	(1)利用气体的压缩和膨胀来储存、释放压力能,气体和油液在蓄能器中由活塞隔开; (2)结构简单,工作可靠,安装容易,维护方便,但活塞惯性大,活塞和缸壁有摩擦,反应不够灵敏,密封要求较高; (3)用来储存能量,或供中、高压系统吸收压力脉动之用
	皮囊式	(充气阀、壳体、气囊、菌形进油阀结构图及图形符号)	(1)利用气体的压缩和膨胀来储存、释放压力能,气体和油液在蓄能器中由皮囊隔开; (2)带弹簧的菌形进油阀使油液能进入蓄能器,又可防止皮囊自油口被挤出。充气阀只在蓄能器工作前皮囊充气时打开,蓄能器工作时则关闭; (3)结构尺寸小,质量轻,安装方便,维护容易,皮囊惯性小,反应灵敏;但皮囊和壳体制造难度大; (4)折合型皮囊容量较大,可用来储存能量;波纹型皮囊适用于吸收冲击

1.6 管道连接件识别与选用

1.6.1 管道

液压系统中使用的管道材质有硬管和软管两类;硬管有无缝钢管和纯铜管;软管有橡胶管和尼龙管。须按照安装位置、工作环境和工作压力来正确选用。各种油管的特点及其适用范围见表5-2。

液压系统中适用的油管　　　　　　　　表5-2

种	类	特点和适用场合
硬管	钢管	能承受高压,价格低廉,耐油,抗腐蚀,刚性好,但装配时不能任意弯曲;常在拆装方便处用作压力管道,中、高压用无缝管,低压用焊接管
	纯铜管	易弯曲成各种形状,但承压能力一般为6.5~10MPa,抗振能力较弱,又易使油液氧化;通常用在液压装置内配接不便之处
软管	尼龙管	乳白色半透明,加热后可以随意弯曲成形或扩口,冷却后又能定形不变,承压能力因材质而异,为2.5~8MPa不等
	塑料管	质轻耐油,价格便宜,装配方便,但承压能力低,长期使用会变质老化,只宜用作压力低于0.5MPa的回油管、泄油管等
	橡胶管	高压管由耐油橡胶夹几层钢丝编织网制成,钢丝网层数越多,耐压越高,但价格高,可用做中、高压系统中两个相对运动件之间的压力管道;低压管由耐油橡胶夹帆布制成,可用做回油管道

油管的管径不宜选得过大,以免使液压装置的结构庞大;但也不能选得过小,以免管内液体流速加大,系统压力损失增加或产生振动和噪声,影响正常工作。

在保证强度的情况下,管壁可尽量选得薄些。薄壁易于弯曲,规格较多,装接较容易,采用它可减少管系接头的数目,有助于解决系统泄漏问题。

软管连接注意事项如5-24所示,图中①是不正确的,②是正确的。

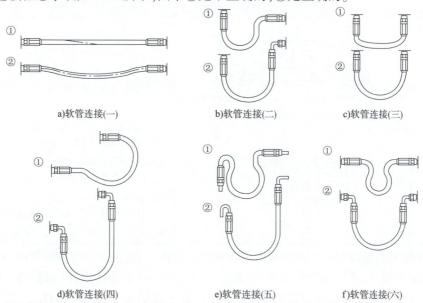

图5-24　各种软管连接示意图

1.6.2 管接头

管接头是油管与油管、油管与液压元件之间的可拆式连接件,它必须具备拆装方便、连接牢固、密封可靠、外形尺寸小、通流能力强、压降小、工艺性好等条件。

管接头的种类很多,其规格、品种可查阅有关手册。液压系统中油管与管接头的常见连接方式见表 5-3。管路旋入端用的连接螺纹采用国家标准米制锥螺纹(ZM)和普通细牙螺纹(M)。锥螺纹依靠自身的锥体旋紧和采用聚四氟乙烯等进行密封,广泛应用于中、低压液压系统;普通细牙螺纹密封性好,常用于高压系统,但要采用组合垫圈或 O 形圈进行端面密封,有时也可用纯铜垫圈。

液压系统中常用的管接头　　　　表 5-3

种类	结构简图	特点和说明
焊接式	球形头	(1) 连接牢固,利用球面进行密封,简单可靠; (2) 焊接工艺必须保证质量,必须采用厚壁钢管,拆装不便; (3) 对管子尺寸精度要求不高,可用于高压系统
卡套式	油管　卡套	(1) 用卡套卡住油管进行密封,轴向尺寸要求不严,拆装简便; (2) 对油管径向尺寸精度要求较高,为此要采用冷拔无缝钢管
扩口式	油管　管套	(1) 用油管管端的扩口在管套的压紧下进行密封,结构简单; (2) 适用于铜管、薄壁钢管、尼龙管和塑料管等低压管道的连接
扣压式		(1) 用来连接高压软管; (2) 在中、低压系统中应用
快速管接头	1 2 3 4　5 6 7 8 9 10 11 12 1-挡圈;2、10-接头体;3、7、12-弹簧;4、11-止回阀阀芯;5-O 形密封圈;6-外套;8-钢球;9-弹簧圈	(1) 用橡胶软管连接,适用于经常接通或断开处; (2) 结构复杂,压力损失大
固定铰接	螺钉 组合垫圈 接头体 组合垫圈	(1) 是直角接头,优点是可以随意调整布管方向,安装方便,占用空间小; (2) 接头与管子的连接方法,除本图所示的卡套式外,还可用焊接式; (3) 中间有通油孔的固定螺钉把两个组合垫圈压紧在接头体上进行密封

液压系统中的泄漏问题大部分都出现在管系中的接头上,为此对管材的选用、接头形式的确定(包括接头设计、垫圈、密封、箍套、防漏涂料的选用等)、管系的设计(包括弯管设计、管道支承点和支承形式的选取等)以及管道的安装(包括正确的运输、储存、清洗、组装等)等都要审慎从事,以免影响整个液压系统的使用质量。

国外对管子的材质、接头形式和连接方法上的研究工作从不间断。最近出现一种用特殊的镍钛合金制造的管接头,它能使低温下受力后发生的变形在升温时消除,即把管接头放入液氮中用心棒扩大其内径,然后取出来迅速套装在管端上,便可使它在常温下得到牢固、紧密的结合。这种"热缩"式的连接已在航空和其他一些加工行业中得到了应用,能保证在 40 ~ 55MPa 的工作压力下不出现泄漏。这是一个十分值得注意的动向。

 课堂讨论

1. 常用的密封圈有哪几种类型?
2. 简述过滤器的类型和工作特点。过滤器的使用和安装需注意什么?
3. 油箱设计时应考虑哪些问题?
4. 简述蓄能器的功用。

 思考题

1. 汽车三滤指的是哪三滤?其类型和特点是什么?如何维修?
2. 阐述汽车油底壳的结构特点。

项目 6 液压回路的识别

任务 1 液压回路的识别

知识目标

1. 正确叙述各种汽车常用液压基本回路的分类与应用。
2. 正确叙述各种汽车常用液压基本回路的组成与原理。

能力目标

1. 能识别各种汽车常用液压基本回路的分类。
2. 能表述各种汽车常用液压基本回路各组成的符号,描述其职能。

素养目标

1. 具备同学之间相互合作探讨汽车液压新技术的素养。
2. 具备识别、分析不同液压件及回路在汽车上应用的素养。

知识链接

汽车中常用液压系统的基本回路按功用分为压力控制回路——控制整个系统或局部油路的工作压力;速度控制回路——控制和调节执行元件的速度;方向控制回路——控制执行元件运动方向的变换和锁停。本项目将以汽车常用液压控制回路为例阐述上述三种回路的具体应用。

1.1 压力控制回路

压力控制回路是利用压力控制阀来控制整个系统或局部支路的压力,以满足执行元件对力的要求。这类回路包括静压回路、增压回路、保压回路、减压回路、卸荷回路等多种回路。

1.1.1 静压传动回路

目前大多数轿车的液压式离合器都是采用静压来传递分离力的,其液压回路如图 6-1 所示。

踩压离合器踏板,推杆带动主缸中的活塞运动,而产生液压力,此液压力被施加到离合器工作缸,最终操纵离合器的接合和分离动作。

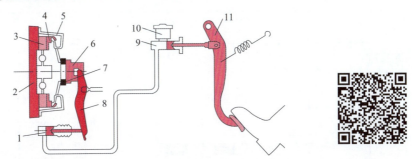

图 6-1　离合器液压传动原理示意图

1-离合器工作缸(分泵);2-飞轮;3-离合器盘;4-压盘;5-离合器盖;6-分离轴承套筒;7-分离轴承;8-分离叉;9-离合器主缸(总泵);10-离合器储液罐;11-离合器踏板

1.1.2　ABS液压调压回路

目前市场上汽车均标配有ABS,一般配置有ABS车辆使用的液压回路有2位置2电磁阀或3位置1电磁阀来控制三种不同模式的制动液压力,2位置2电磁阀[图6-2a)]和3位置1电磁阀[图6-2b)]控制制动液压力的基本原理相同。

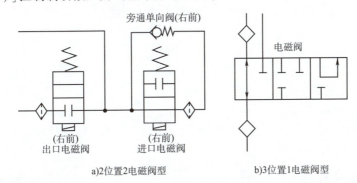

图 6-2　ABS常用电磁阀图形符号

1)2位置2电磁阀型液压回路

汽车常用防抱死制动系统(ABS)的2位置2电磁阀型液压回路结构如图6-3所示。

(1)制动液压力增加或常规制动操作模式。

制动液压力增加或常规制动操作模式如图6-4所示。

当制动液压力增加或在常规制动操作过程中,常开电磁阀和常闭电磁阀保持不通电状态。此时常开电磁阀的进油口打开,出油口关闭。在压力增加过程中,主缸中的制动液压力以及油泵中的液体压力作用到工作缸。

(2)制动液压力保持模式。

制动液压力保持模式液压回路如图6-5所示。

在制动液压力保持模式中,只有常开电磁阀通电工作而关闭,此时,进油口和出油口都关闭,因为主缸和储液罐都中断,工作缸中的制动液压力或制动钳停留在保持模式。

(3)制动液压力减小模式。

制动液压力减小模式液压回路如图6-6所示。

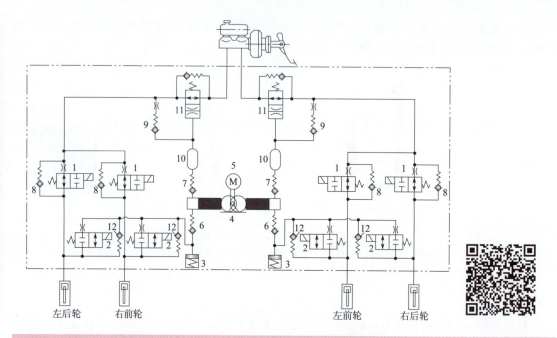

图 6-3 ABS 的 2 位置 2 电磁阀型液压回路

1-进口电磁阀;2-出口电磁阀;3-储液罐;4-泵;5-马达;6-进油阀;7-出油阀;8、12-进出油旁通止回阀;9-止回阀;10-缓冲阀;11-梯度开关

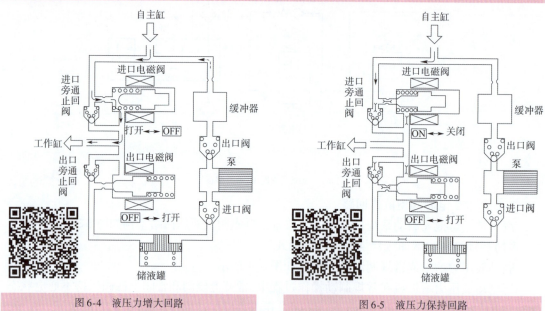

| 图 6-4 液压力增大回路 | 图 6-5 液压力保持回路 |

在制动液压力减小模式中,常开电磁阀和常闭电磁阀都通电工作。在这种情况下,进油口关闭,出油口打开,工作缸或制动钳中的制动液压力被传递到储液罐,而不是传递到主缸,这减小制动液压力,然后,制动液被油泵吸取,在压力下被发送到主缸,缓冲室缓冲了泵操作引起的压力波动,进而减小了制动踏板的反冲效应。

制动释放位置,随着制动器松开,进油口和出油口电磁阀都关闭。在这种情况下,进油口打开,出油口关闭,此时,制动踏板返回释放位置,主缸中的制动液压力减小,来自工作缸或制动钳的制动液通过旁通止回阀和进油口被发送到主缸,这减小工作缸中的制动液压力,具有储液罐中剩余压力的制动液也通过出油口旁通止回阀返回主缸。

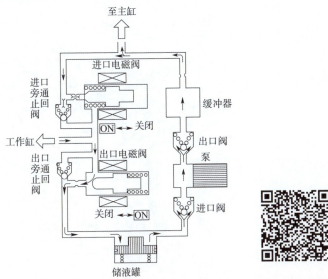

图 6-6　液压力减小回路

2) 3 位置 1 电磁阀

配置有 3 位置 1 电磁阀液压回路如图 6-7 所示。其液压回路的工作原理与 2 位置 2 电磁阀型液压回路相似，这里不再重复。

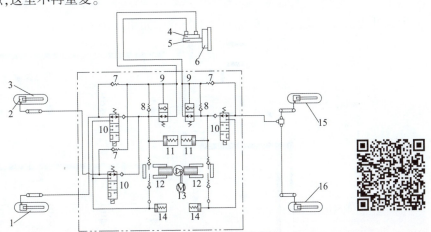

图 6-7　3 位置 1 电磁阀液压回路原理图

1-左前轮；2-制动钳；3-右前轮；4-比例阀（不要解体）；5-主缸；6-制动助力器；7-止回阀；8-卸压阀；9-感应阀；10-电磁阀；11-蓄压器；12-泵；13-直流马达；14-储液罐；15-右后轮；16-左后轮

1.1.3　卸荷回路

在液压系统中，执行机构常在不停止液压泵运转（即发动机不熄火）的状态下停止工作。这时如果采用卸荷回路，就可使液压泵输出的油液在低压下流回油箱（即液压泵卸荷），从而节省发动机的功率，减少油液发热，延长油泵的寿命。

图 6-8 所示为发动机润滑系统的卸荷回路。这是汽车液压系统最常采用的卸荷方法之一，这种回路适应于低压小流量的液压系统。

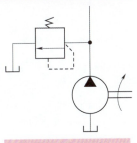

图 6-8　卸荷回路

带有可变正时发动机润滑系统的液压原理如图6-9所示。

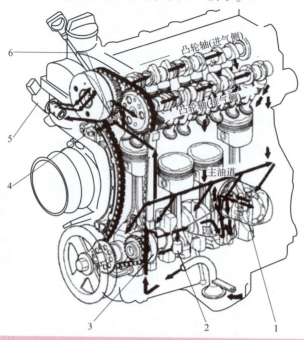

图6-9 发动机润滑系统的液压原理图
1-机油滤清器;2-减压阀;3-油泵;4-链条张紧器;5-OCV;6-VVT-i 机油滤清器

带有可变正时发动机液压系统润滑工作顺序如图6-10所示。

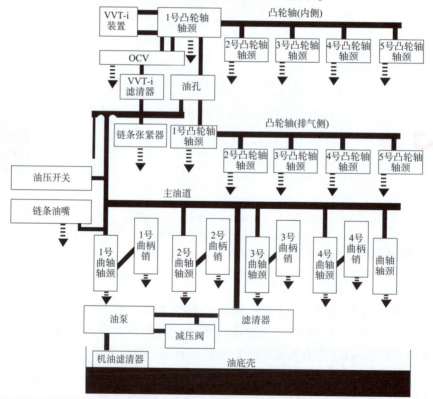

图6-10 发动机液压系统润滑工作图

1.2 速度控制回路

液压传动系统中的速度控制回路,是控制和调节液压执行元件运动速度的单元回路。根据被控制执行元件的运动状态、方式以及调节方法,速度控制回路可分为:调节液压执行元件速度的调速回路、使之获得快速运动的快速运动回路、实现快慢速切换的速度换接回路以及多个执行元件的同步运动回路等。

以下以日产 RE4F03A 型自动变速器液压系统工作原理为例加以阐述。

1.2.1 自动变速器内典型的油液流动路径

自动变速器内典型的油液流动路径如图 6-11 所示。

油泵将油液从储油盘集油槽中抽出,油液先后流过油液集滤器、调节阀,然后被输送到变速器内的许多部件处。压力调节器对油泵的压力输送进行控制。

首先,油液被导入变矩器,以满足传递驱动转矩的需要。从变矩器回流的油液将流过位于冷却液散热器内的油液冷却器或分离的风冷式油液冷却器,从而将变矩器在失速和加速工况中所产生的热量消除,剩余的油液则用于对变速器内的各轴承进行润滑。同时,油液从压力调节器被输送到阀体以及离合器和制动器液压回路内,用于对行星齿轮系和输出传动比进行控制。

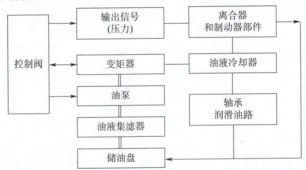

图 6-11 典型的油液流动液压原理示意图

1.2.2 液压换挡控制系统

日产 RE4F03A 型自动变速器液压系统如图 6-12 所示。

液压控制系统负责对变速器传动比的自动转换过程进行控制。变速器根据与行驶状态和驾驶员指令相关的信息选择正确的传动比。变速器从手动选挡阀状态、节气门位置、车速等参数中提取出这些信息,进而通过液压控制系统提供压力,以实现正确的换挡点时刻和平滑的换挡操作过程。

压力调节器对油泵压力进行控制,并根据当前的工作状态对该压力进行调节。如果液压回路内无论何时均保持高压,将导致变速器发生换挡粗暴现象,当车辆在重负荷状态下行驶时,适当降低液压回路内的压力,能够防止离合器和制动器部件因传递的驱动转矩过大而发生故障。

阀体部件将经过压力调节的油液导入正确的换挡阀,以使相关的部件根据需要施加或释放作用力,从而完成换挡过程。换挡阀还对部件内压力的释放过程进行控制,使某个部件在另一部件施加夹紧力的同时释放压力。

为了提高换挡质量并降低传动系统冲击,蓄压器被应用到液压回路中。蓄压器的作用是通过将油液引入一个内部装有活塞和弹簧的密封油腔而对油压过高引起的冲击进行缓冲,油液在推动蓄压器活塞和弹簧并使油腔容积增大的同时,其压力逐渐降低。

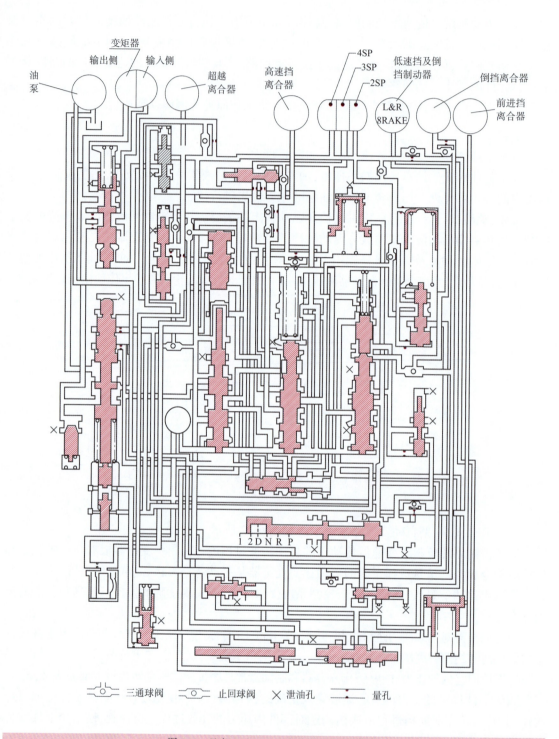

图6-12 日产 RE4F03A 型自动变速器液压系统

1.2.3 速度换挡电磁阀 A 和 B 的工作原理

自动变速器速度换挡电磁阀的液压回路如图 6-13 所示。

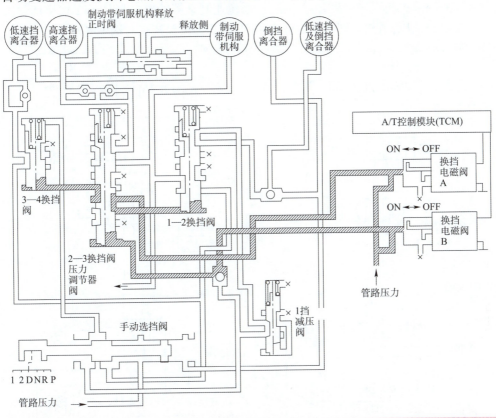

图 6-13　自动变速器速度换挡液压回路的结构示意图

换挡电磁阀 B 从 A/T 控制模块接收通断信号,对 2—3 挡换挡阀进行控制,换挡电磁阀 A 从 A/T 控制模块接收通断信号,通过 2—3 挡换挡阀对 1—2 挡或 3—4 挡换挡阀进行控制。简而言之,换挡电磁阀 B 既允许 2—3 挡换挡阀根据换挡需要选择正确的油道,也允许换挡电磁阀 A 将输出压力导向 1—2 挡或 3—4 挡换挡阀。

目前,市场上的自动变速器有 100 多种型号。大部分电子控制自动变速器采用由 2 个电磁阀操纵 3 个换挡阀实现 4 个挡位的变换。它采用泄压控制方式,由图 6-14 中可知,1—2 挡换挡阀和 3—4 挡换挡阀由电磁阀 A 控制,2—3 挡换挡阀由电磁阀 B 控制。电磁阀不通电时关闭泄油孔,来自手动阀的主油路压力油通过节流孔后作用在各换挡阀右端,使阀芯克服弹簧力左移。电磁阀通电时泄油孔开启,换挡阀右端压力油被泄空,阀芯在左端弹簧力的作用下右移。

①图 6-14a)为 1 挡,此时电磁阀 A 断电,电磁阀 B 通电,1—2 挡换挡阀阀芯左移,关闭 2 挡油路;2—3 挡换挡阀阀芯右移,关闭 3 挡油路。同时使主油路油压作用在 3—4 挡换挡阀阀芯左端,使 3—4 挡换挡阀阀芯停留在右位。

②图 6-14b)为 2 挡,此时电磁阀 A 和电磁阀 B 同时通电,1—2 挡换挡阀右端油压下降,阀芯右移,打开 2 挡油路。

③图 6-14c)为 3 挡,此时电磁阀 A 通电,电磁阀 B 断电,2—3 挡电磁阀右端油压上升,阀芯左移,打开 3 挡油路。同时使主油路油压作用在 1—2 挡换挡阀左端,并让 3—4 挡换挡阀阀

芯左端控制油压泄空。

④图6-14d)为4挡,此时电磁阀A和电磁阀B均不通电,3—4挡换挡阀阀芯右端控制压力上升,阀芯左移,关闭直接挡离合器油路,接通超速制动器油路,由于1—2挡换挡阀阀芯左端作用着主油路油压,虽然右端有压力油作用,但阀芯仍然保持在右端不能左移。

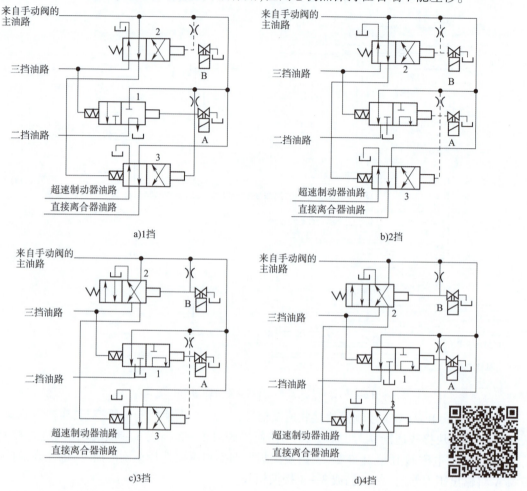

图6-14 电子控制自动变速器换挡系统原理图
1-1—2挡换挡阀;2-2—3挡换挡阀;3-3—4挡换挡阀;A-换挡电磁阀;B-换挡电磁阀

1.2.4 典型的换挡程序(RL4F03型)

液压控制A/T进行传动比自动转换过程中所涉操纵步骤的顺序:

(1)驾驶员将换挡杆从P挡位移动到D挡位。

(2)手动选挡阀由换挡拉索以机械方式移动油压被导向。

前进挡离合器组件液压回路,用以锁定行星齿轮系中的后内齿轮,使驱动转矩从后太阳齿轮传递至行星齿轮架。

蓄压器用以降低换挡冲击。

速控压力回路(由车速控制:低速=低压,高速=高压)。

节气门阀压力回路,由节气门角度控制。

(3)车辆加速,速控压力调节器将压力导入阀体内的1—2挡和2—3挡换挡阀。

（4）车速达到特定值,速控压力克服 1—2 挡换挡阀处的节气门阀压力和弹簧压力,使此阀移动。1—2 挡换挡阀将压力导入制动带伺服机构施加油腔,制动带进入施加状态,变速器换入 2 挡。

（5）车速继续提高,速控压力克服 2—3 挡换挡阀处的节气门阀压力和弹簧压力,使此阀移动。2—3 挡换挡阀将压力导入制动带伺服机构释放油腔,并向前进挡离合器和高速挡离合器施加压力。变速器换入 3 挡。

（6）驾驶员释放加速踏板且车速下降至 20 km/h 以下,速控压力调节器降低速控压力。节气门阀压力和弹簧压力克服 1—2 挡换挡阀和 2—3 挡换挡阀处的速控压力,使两阀移动。

以上两阀切断高速挡离合器和制动带的施加压力,变速器降挡至 D1 挡。

1.3 方向控制回路

在液压系统中,执行元件的起动、停止和改变运动方向,是靠各种方向阀来控制进入执行元件的液压油的通、断和改变流向来实现的,而实现这些控制的回路称为方向控制回路。常用的方向控制回路有换向回路和转向回路等。

换向回路的作用主要是变换执行机构的运动方向。对执行机构的换向,基本要求是要具有良好的换向性能（平稳性和灵敏性）和必要的换向精度。

运动部件的换向,一般可采用各种换向阀来实现。在容积调速的闭式回路中,也可以利用双向变量泵控制油流的方向来实现液压缸（或液压马达）的换向;依靠重力或弹簧返回的单作用液压缸,可以采用二位三通换向阀进行换向;双作用液压缸的换向,一般都可采用二位四通（或五通）及三位四通（或五通）换向阀来进行换向。二位阀只能使执行元件正、反向运动,三位阀有中位,不同中位机能可使系统获得不同性能。按不同用途可选用不同控制方式的换向回路。

采用电磁换向阀和电液换向阀可以方便地实现自动往复运动,但对换向平稳性和换向精度要求较高的场合,显然不能满足要求,这里只介绍自卸车液压系统、转向换向回路两种换向回路。

1.3.1 自卸车液压系统

自卸车是一种高效率的运输工具。该车的卸料是靠液压缸驱动汽车的货厢倾翻,从而实现卸料的。汽车翻斗倾斜方式有后倾式与侧倾式两种。

图 6-15 所示为 QD351 型自卸车液压系统原理图。自卸车的液压系统工作过程如下：空位→举升→中停→下降。

（1）空位。当方向控制阀处于最右位,换向阀中位职能为 H 型,这样液压缸处于浮动状态,车厢处于未举升的自由状态（一般为运输水平状态）。

（2）举升。将方向控制阀手柄扳至举升位置,方向控制阀处于最左位置,液压泵输出高压油进入液压缸下腔,液压缸上腔油液通过方向控制阀、过滤器回油箱,活塞杆上升通过三角臂机构使车厢后翻,车厢倾斜一定角度进行卸料,限压阀用来调节系统压力。

（3）中停。此时滑阀处于左二位,换向阀中位职能为 M 型,液压泵处于卸荷状态,无压力,液压缸上下两腔均封闭,液压缸被锁止在任何位置,此时车厢处于静止状态。

（4）下降。卸完料后,扳动手柄使方向控制阀处于左三位,液压缸上腔通压力油,下腔通油箱,活塞下移,三角臂缩回,车厢恢复原位。

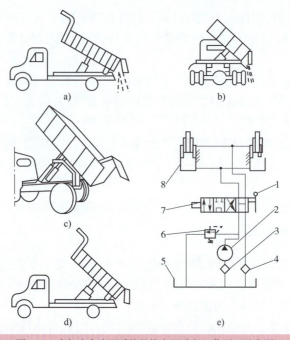

图 6-15 自卸汽车液压系统的换向回路与工作原理示意图
1-手柄;2-液压泵;3-粗过滤器;4-过滤器;5-油箱;6-限压阀;7-方向控制阀;8-液压缸

1.3.2 转向换向回路

图 6-16 所示为汽车液压助力转向系统双量孔调节液压回路图。在转向阀的两侧油路上串接电磁阀,用电子控制的方法实现双量孔液压油流量的变化。该系统使用类似于前面提到过的旋转阀,然而旋转阀四周槽的数量加倍,阀的灵敏度显著提高,可以实现非常小的增量变化,系统对于车速变化的响应性非常好。

两个可变量孔位于动力缸和返回口之间的一条直管中,一个至右侧一个至左侧,其他可变量孔位于动力缸和泵之间,它包括旁通道 2R 和 2L。当可变量孔 1R、1L、2R 和 2L 关闭时,以响应最小转向转矩,这些量孔用于低速转向驱动助力。当可变量孔 3R 和 3L 关闭时,以响应大转向转矩,这些量孔用于高速行驶时助力。

车辆静止时,电磁阀完全关闭,转向盘开始向右移动,可变量孔 1R、2R 和 3R 开始关闭,以响应增加的转向转矩。通过可变量孔 2R 和 3R,动力缸内部油压生成,这变为组合压力大于初始压力,大的助力传递给转向系统和车轮以便于转向。

当车辆高速行驶时,电磁阀完全打开,转向盘开始向右移动,可变量孔 1R、2R 和 3R 开始关闭,以响应增加的转向转矩,可变量孔 2R 旁通返回口,以响应电磁阀,通过可变量孔 3R,动力缸内部油压生成,该油压稍大于初始压力,小的助力传递给转向系统和车

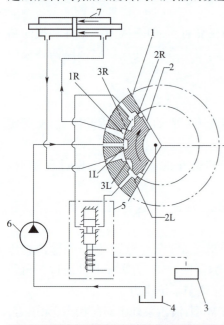

图 6-16 汽车液压助力转向回路
1-外体;2-内体;3-控制器;4-储液罐;5-EPS 电磁阀;6-泵;7-动力缸

轮以可靠和安全转向。

在低中速时,油液流过2R和电磁阀,流向2R的油液数量根据与车速成比例的电磁阀开度而变。当转向盘向右转动时油流如图6-17所示。

转向器的转子阀的等效油路如图6-18所示。转子阀内体圆周上有6或8条沟槽,各沟槽与阀体构成的油路,与液压泵、转向动力缸、电磁阀及储液罐连接。

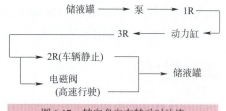

图6-17 转向盘向右转动时油流

在图6-18a)所示的转子阀的等效液压油路中,转子阀的可变小孔分为低速专用节流小孔(1R、1L、2R、2L)和高速专用可变控制小孔(3L、3R)两种,在高速专用可变孔的下边设有旁通电磁阀回路。

电磁阀关闭时转向行驶等效油路如图6-18b)所示。当车辆静止时,电磁阀完全关闭,此时若向右转动转向盘,即假定车辆向右转向,则高灵敏度低速专用小孔1R和2R在较小的转向转矩作用下就可关闭,转向液压泵的高压油经1L孔流向转向动力缸右腔室,其左腔室的液压油经2L流回储油箱。所以,此时具有较大的转向助力。同时施加在转向盘上的转向力矩越大,可变小孔1L、2L的开口面积越大,节流作用就越小,转向助力作用越明显。

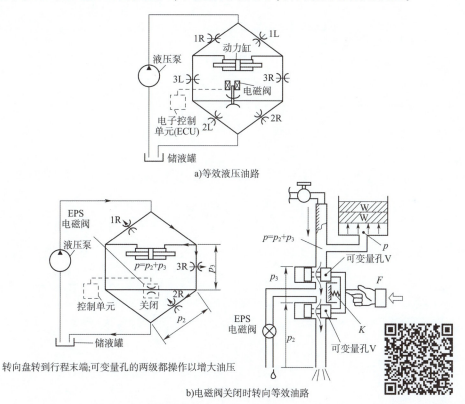

a)等效液压油路

b)电磁阀关闭时转向等效油路

图6-18 转子阀的等效液压油路

p-转子阀处的压力;p_2-小孔2R处的压力;p_3-小孔3R处的压力;K-弹簧系数;F-转向盘作用力

随着车速的提高,在电子控制单元(ECU)的控制下,电磁阀的平均电流增加,如果继续向右转弯转动转向盘,则转向液压泵的高压油经1L、3R、旁通电磁阀、2L流回储油罐。此时,转向动力缸右腔室油压就取决于旁通电磁阀和灵敏度低的高速专用孔3R的开度。车速越高,电磁阀的开度越大,旁通流量越大,转向助力越小;在车速恒定的情况下,作用在转向盘上的转向力越小,专用小孔3R的开度越大,转向助力作用也越小,当转向盘力矩增大时,3R的开度逐渐减小,转向助力作用也随之增大,驾驶员可获得非常自然的转向手感和良好的转向特性。

课堂讨论

1. 请说明压力控制回路有哪些种类?画图举例并描述其原理。
2. 请表述速度控制回路有哪些功用?在车辆上哪些地方有使用?举例说明。
3. 请表述换向回路有哪些功用?在车辆上哪些地方有使用?举例说明。

思考题

画出汽车换向控制回路,并描述工作原理。

项目 7 液压系统的拆装与试验

实训项目1 各种液压系统、部件认识与各种齿轮泵的拆装试验

1.1 实训内容及目标要求

完成本实训项目后,学生应当能:
(1)通过现场辨认实训液压系统的组成及其工作原理。
(2)拆装各种啮合的齿轮泵、油缸、控制阀,识别液压件符号、描述工作原理。
(3)操纵液压千斤顶、举升机液压系统工作,描述工作过程中的注意事项。
(4)在工作过程中注意操作安全、工作安全,保持工作环境整洁。

1.2 技能准备

1.2.1 液压系统组成

液压系统是由动力元件、执行元件、控制元件及辅助元件组成的,并能完成一定动作的各个液压基本回路的组合。

(1)动力元件:把机械能转变成液体压力能。如液压泵、自动变速器中的液力变矩器。
(2)执行元件:把流体的压力能转变成机械能。如液压缸、液压马达。
(3)控制元件:对系统中流体压力、流量和流动方向进行控制或调节的装置,如限压阀、换向阀和止回阀等。
(4)辅助元件:保证系统正常工作所需的上述三种以外的装置。如油箱、过滤器、油管、管接头及密封件等。

1.2.2 液压系统工作原理

液压系统是利用有压力的油液作为传递动力的工作介质,而且传动中必须经过两次能量交换,即动力元件将机械能转变成液体的压力能,执行元件将液体的压力能转变成机械能。液压传动是一个不同能量的转换过程。

1.2.3 液压泵的种类

液压泵属于动力元件,液压泵按其在单位时间内所输出的油液的体积是否可调节,可分为定量泵和变量泵两类;按结构形式可分为齿轮式、叶片式和柱塞式三大类。

1.3 工具、设备、器材准备

1.3.1 工具、设备

(1)整车一辆、配备举升机。
(2)常用工具、液压千斤顶。

1.3.2 技术资料、技术标准

各种液压系统维修手册或引导文件。

1.4 实训步骤

(1)实训用整车安全进入举升机岗位。
(2)向实训室领取常用工具、实训器件、维修资料。
(3)查阅维修资料,注意学习安全操作规程。
(4)操作举升机辅助举升车辆,认识液压系统的组成及其工作原理。
(5)操纵机械式液压千斤顶,认识液压系统的组成及其工作原理。
(6)拆卸各种啮合的齿轮泵、油缸、控制阀,会识别液压件符号、描述工作原理。
(7)注意拆下旧油封,安装新油封时的润滑方法。
(8)在实训过程中,按照工作单的要求,完成相应的技术参数填写和学习任务。
(9)完成实训任务后,接受指导老师技能考核。
(10)整理清洁工作场所,清点收拾借出的工具、设备、资料,交回实训室。

1.5 实训工作单

(1)观察机械式液压千斤顶传动系统的组成,并说明其工作原理。

①机械式液压千斤顶的类型有:

_____

_____

②在图7-1中,完成液压系统各组成部分的名称填写。

_____

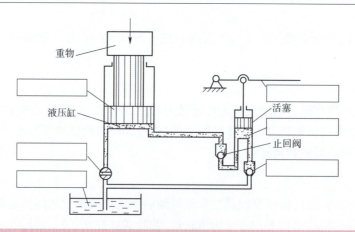

图7-1 机械式液压千斤顶的工作原理

③描述机械式液压千斤顶的工作原理：
_____
_____

（2）观察汽车举升机传动系统的组成，并说明其工作原理。
_____
_____

①举升机的类型是：
_____
_____

②在图7-2中，填写括号内液压系统各组成部分的名称。

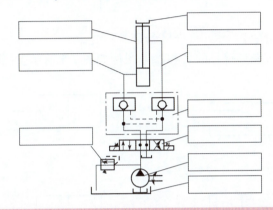

图7-2　单臂举升机传动系统的工作原理

③描述实训用举升机传动系统的工作原理：
_____
_____

④举升机操作。举升机操作流程如图7-3所示。

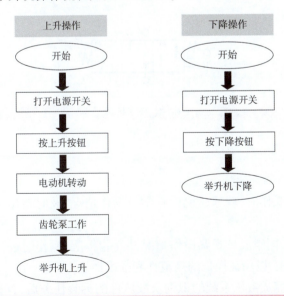

图7-3　举升机操作流程

⑤操纵举升机升降应注意什么问题?

(3)拆卸并标注各液压泵、液压缸图形符号的名称,并描述滑阀式换向阀结构的特点和作用。

①拆卸并标识液压泵图形符号的名称,参考图例如图7-4所示。(根据实际画出液压泵图形符号)

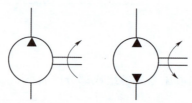

图7-4 参考图例

②拆卸并标识液压缸图形符号的名称参考图例如图7-5所示。(根据实际选出液压缸的图形符号)

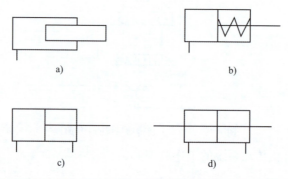

图7-5 参考图例

③拆卸并标识液压系统控制阀图形符号的名称参考图例如图7-6所示。(根据实际画出控制阀图形符号)

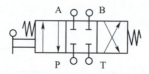

图7-6 参考图例

1.6 检查评估

1.6.1 检查实训情况

(1)学员进行实践操作时,教师巡视检查学员操作情况,及时指出学员的操作错误,提醒注意事项,以纠正错误。

(2)学员在操作时,同组成员观察操作情况并互相提醒,操作时以工单为主导,做到自我检查,发现错误及时纠正,以保证操作的规范性和准确性。

(3)各小组成员在完成液压系统的识别及液压件的拆装任务后,首先要进行小组自检,小组成员对本次任务进行自我评价,由教师检查全体学员完成的情况及效果。

1.6.2 考核评价

(1)学员自我评价,同时与组内其他同学讨论,交流心得。
(2)考核要求:
①知道液压系统的基本组成。
②能够说出液压系统各部件安装位置。
③能够辨别液压回路的结构特点、说明工作原理。
(3)考核评价及评分标准见表7-1。

考核内容、配分及评分标准表　　　　　　　　　　　　　　　表7-1

序号	考核内容	配分	评分标准	扣分	得分	备注
1	阐述液压系统的工作原理	10	每错一处扣5分			
2	识别液压系统的基本组成	10	每错一处扣5分			
3	辨别所拆装液压部件的结构特点及工作原理	30	液压回路部件名称每错一次扣5分,结构特点及工作原理描述每错一次扣5分			
4	填写实训工单	20	每错一次扣5分,未填写不得分			
5	工具、仪器的正确使用方法	10	符合操作规程、使用方法、熟练程度,视实际效果酌情评分			
6	安全文明生产与环境保洁	10	安全使用电、气,无设备、人身事故,主动参与环境保洁,酌情评分			
7	工作态度与协作精神	10	视参与实践的自觉性、工作态度和团队协作精神酌情评分			
	考核教师(签字)	100	总分			

实训项目2　液压制动ABS的认识与拆装试验

2.1 实训内容及目标要求

完成本实训项目后,学生应当能:
(1)通过现场辨认液压制动ABS的组成及其工作原理。
(2)拆装液压制动ABS各部件并描述其结构特点和工作原理。
(3)在工作过程中注意操作安全、工作安全,保持工作环境整洁。

2.2 技能准备

2.2.1 ABS的基本组成及工作原理

如图7-7所示,ABS通常由制动主缸、制动压力调节器、制动轮缸和油管、电器等组成。

2.2.2 ABS回路的分类

(1)根据控制通道数可分为四通道、三通道、二通道和一通道四种。
(2)根据传感器数量可分为四传感器和三传感器等。
(3)控制通道是指能够独立进行制动压力调节的制动管路。目前被广泛采用。

2.2.3　制动压力调节器的工作过程

1）循环式制动压力调节器

循环式制动压力调节器如图 7-8 所示,它主要由制动踏板机构、制动主缸、回油泵、储液器、电磁阀、制动轮缸组成,在制动主缸与轮缸之间串联一个电磁阀,直接控制制动轮缸的制动压力。

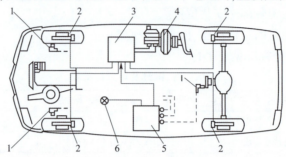

图 7-7　典型的 ABS 的组成布置图
1-轮速传感器；2-制动轮缸；3-液压调节器；4-制动主缸；5-ABS ECU；6-报警灯

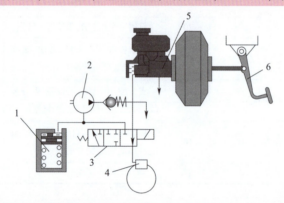

图 7-8　循环式制动压力单个轮缸调节器的组成
1-储液罐；2-回油泵；3-电磁阀；4-制动轮缸；5-制动主缸；6-制动踏板

（1）常规制动过程。如图 7-9 所示,在常规制动过程中,ABS 不工作,电磁线圈中无电流通过,电磁阀柱塞在复位弹簧的作用下处于"下端"位置。此时制动主缸与制动轮缸相通,由制动主缸来的制动液直接进入制动轮缸,制动轮缸压力随制动主缸压力的升高而升高。

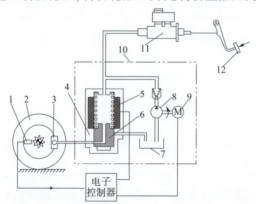

图 7-9　循环式制动压力调节器的制动过程原理图
1-传感器；2-车轮；3-制动轮缸；4-电磁阀；5-电磁线圈；6-柱塞；7-储液罐；8-泵；9-电动机；10-液压部件；11-制动主缸；12-踏板

(2) 保压制动过程。当电子控制单元向电磁线圈输入一个较小的电流时(约为最大电流的 1/2),电磁线圈产生较小的电磁力,使柱塞处于"中间"位置。此时制动主缸、制动轮缸和回油孔相互隔离,制动轮缸中的制动压力保持一定。

(3) 减压制动过程。当电子控制单元向电磁线圈输入一个最大电流时,电磁线圈产生更大的电磁力,使柱塞处于"上端"位置。此时电磁阀柱塞将制动轮缸与回油通道或储液器接通,制动轮缸中的制动液经电磁阀流入储液器,制动轮缸压力下降。与此同时,电动机启动,带动油泵工作,将流回储液器的制动液输送回制动主缸,为下一个制动周期做好准备。

(4) 增压制动过程。当制动压力下降后,车轮的转速增加,当电控制单元检测到车轮转速增加太快时,便切断通往电磁阀的电流,使制动主缸与制动轮缸再次相通,制动主缸的高压制动液再次进入制动轮缸,制动力增加。

2) 可变容积式制动压力调节器

图 7-10 所示为可变容积式制动压力调节器,它是在汽车原有制动管路上增加一套液压控制装置,用它控制制动管路中制动液容积的增减,从而控制制动压力的变化。它主要由电磁阀、控制活塞、油泵、蓄能器等组成。

(1) 常规制动过程。如图 7-11 所示,电磁线圈中无电流通过,电磁阀柱塞在复位弹簧作用下使柱塞处于"左端"位置,将控制活塞的工作腔与回油管路接通,控制活塞在弹簧的作用下被推至最左端,活塞顶端推杆将止回阀打开,使制动主缸与制动轮缸的制动管路接通,制动主缸的制动液直接进入制动轮缸,制动轮缸内制动液的压力随制动主缸的压力升高而升高。

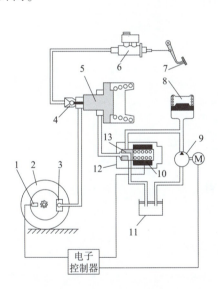

图 7-10 可变容积式制动压力调节器的组成
1-轮速传感器;2-车轮;3-制动轮缸;4-止回阀;5-控制活塞;6-制动主缸;7-制动踏板;8-蓄能器;9-电动泵;10-电磁线圈;11-储液罐;12-电磁阀;13-柱塞

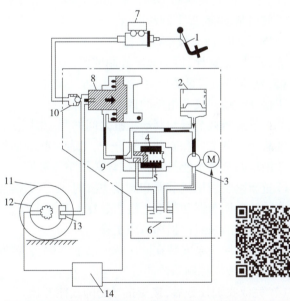

图 7-11 可变容积式制动压力调节器的制动过程原理图
1-制动踏板;2-蓄能器;3-电动泵;4-电磁阀;5-电磁线圈;6-储液器;7-制动主缸;8-控制活塞;9-柱塞;10-止回阀;11-车轮;12-轮速传感器;13-制动轮缸;14-电子控制单元

(2) 减压制动过程。当电子控制单元向电磁线圈输入一大电流时,电磁阀内的柱塞在电磁力作用下克服弹簧弹力移到右边,将蓄能器与控制活塞的工作腔管路接通,制动液进入控制活塞工作腔推动活塞右移,止回阀关闭,制动主缸与制动轮缸之间的通路被切断。同时,由于控制活塞右移使制动轮缸侧容积增大,制动压力减小。

(3)保压制动过程。当电子控制单元向电磁线圈输入一小电流时,由于电磁线圈的电磁力减小,柱塞在弹簧力的作用下左移,将蓄能器、回油管及控制活塞工作腔管路相互关闭。此时,控制活塞左侧的油压保持一定,控制活塞在油压和强力弹簧的共同作用下保持在一定的位置,而此时止回阀仍处于关闭状态,制动轮缸的容积也不发生变化,制动压力保持一定。

(4)增压状态。需要增压时,电子控制单元切断电磁线圈中的电流,柱塞回到左端的初始位置,控制活塞工作腔与回油管路接通,控制活塞左侧控制油压解除,控制活塞左移至最左端时,止回阀被打开,制动轮缸内的制动液压力将随制动轮缸的压力增大而增大。

2.3　工具、设备、器材准备

(1)液压 ABS 实训用车或台架。
(2)常用拆卸工具。

2.4　实训步骤

(1)每 6~8 名学员组成一个工作小组,确定 1 名组长,接受工作任务,做好工作准备。
(2)就车认识 ABS 结构组成与原理、观察其安装位置,完成工单任务。
(3)对 ABS 液压控制系统进行泄压。通常采用的泄压方法是关闭点火开关,反复踩踏制动踏板至少 20 次以上,当感觉踩踏制动踏板的力明显增加时,ABS 液压控制系统泄压完成。
(4)液压控制装置的拆卸,描述其结构特点和工作原理。
①放出制动液,拆下制动油管。
②拔下 ABS 所有线束连接器。
③卸下固定螺栓,拆下液压控制装置。
(5)液压控制装置的分解与组装。
①松开电动回液泵组件的四个固定螺栓。
②拧下液压调节器和制动主缸之间的两个固定螺栓。
③将液压调节器和制动主缸分开,二者之间的油管必须更换。
④液压调节器不能修理,若损坏必须整体更换。
⑤重新组装液压调节器和制动主缸时,必须更换油管。
⑥将液压调节器和制动主缸组装在一起并定位。
⑦电动回液泵组件损坏后应更换。
⑧将电动回液泵安装在液压调节器上,整个装置安装完毕。
(6)ABS 液压控制系统的放气。
(7)完成实训任务后,接受指导老师技能考核。
(8)整理清洁工作场所,清点收拾借出的工具、设备、资料,交回实训室。

2.5　实训工作单

启用实训用车或液压 ABS 的实训台架,根据实训计划要求,各小组完成自己的工作任务,教师根据学员的提问在一旁进行必要的指导。
(1)实训注意事项:
①阅读实训(室)中心规章制度,未经许可,不得移动和拆卸实训仪器与设备。

②遵守实训仪器与设备的安全操作规程。

③未确认运行安全条件之前,严禁擅自扳动仪器、设备的电器开关、起动开关或起动车辆。

④举升、下降车辆前要提醒,注意观察,一旦有危险立即停止。

⑤拆装液压 ABS 部件之前查询维修手册,按顺序拆装,绝对禁止强行拆卸,务必注意稳拿轻放防止碰撞。

⑥注意人身工作安全和仪器、设备的安全使用。

(2) 观察图 7-12 所示汽车液压 ABS 的实物组成,填写各零部件的名称。

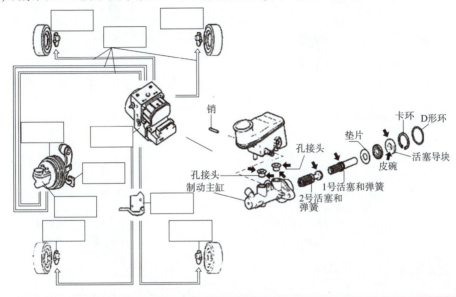

图 7-12　汽车液压 ABS 的结构组成

(3) 观察图 7-13 所示汽车液压 ABS 的回路组成,填写各序号表示的图形符号名称。

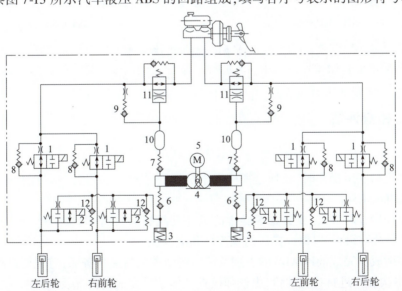

图 7-13　2 位置 2 电磁阀型液压 ABS 的液压回路

1.＿＿＿＿　2.＿＿＿＿　3.＿＿＿＿　4.＿＿＿＿　5.＿＿＿＿　6.＿＿＿＿

7.＿＿＿＿　8.＿＿＿＿　9.＿＿＿＿　10.＿＿＿＿　11.＿＿＿＿　12.＿＿＿＿

(4) 拆卸液压调节器。

① 完成图7-14a)循环式制动压力单个轮缸调节器基本结构名称填写。

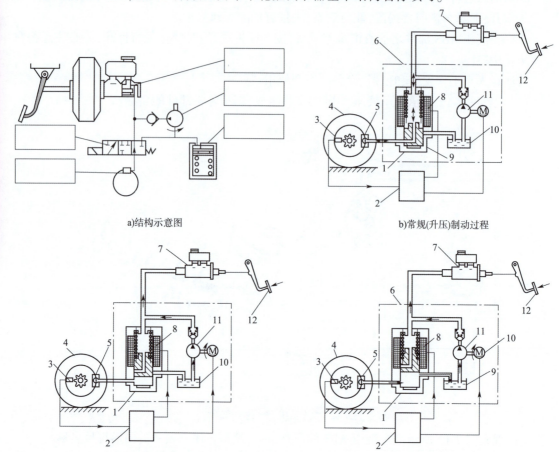

图7-14 循环式制动压力调节器

1—电磁阀；2—ECU；3—传感器；4—车轮；5—制动轮缸；6—液压部件；7—制动主缸；8—线圈；9—阀芯；10—储液器；11—回油泵；12—踏板

② 描述循环式制动压力调节器"升压""保压"和"减压"工作过程。

2.6 检查评估

2.6.1 检查实训情况

(1) 学员进行实践操作时，教师巡视检查学员操作情况，及时指出学员的操作错误，提醒注意事项，以纠正错误。

(2) 学员在操作时，同组成员观察操作情况并互相提醒，操作时以工单为主导，做到自我检查，发现错误及时纠正，以保证操作的规范性和准确性。

(3) 各小组成员完成液压ABS的识别及液压调节器的拆装任务后，首先要进行小组自检，小组成员对本次任务进行自我评价，由教师检查全体学员完成的情况及效果。

2.6.2 考核评价

(1) 学员自我评价，同时与组内其他同学讨论，交流心得。

(2) 考核要求：

①知道液压 ABS 的基本组成。
②能够说出液压 ABS 各部件安装位置。
③能够辨别液压调节器的结构特点、说明工作原理。
(3)考核评价及评分标准见表 7-2。

考核内容、配分及评分标准表　　　　　　　　　　　　表 7-2

序号	考核内容	配分	评分标准	扣分	得分	备注
1	说出液压 ABS 的工作原理	10	每错一处扣 5 分			
2	识别液压 ABS 的基本组成	10	每错一处扣 5 分			
3	辨别所拆装液压 ABS 部件的结构特点及工作原理	30	液压 ABS 回路部件名称每错一次扣 5 分,结构特点及工作原理描述每错一次扣 5 分			
4	填写实训工单	20	每错一次扣 5 分,未填写不得分			
5	工具、仪器的正确使用方法	10	符合操作规程、使用方法、熟练程度,视实际效果酌情评分			
6	安全文明生产与环境保洁	10	安全使用电、气,无设备、人身事故,主动参与环境保洁,酌情评分			
7	工作态度与协作精神	10	视参与实践的自觉性、工作态度和团队协作精神酌情评分			
	考核教师(签字)	100	总分			

实训项目 3　液压助力转向系统的认识与拆装

3.1　实训内容及目标要求

完成本实训项目后,学生应当能:
(1)通过现场辨认液压助力转向系统的组成及其工作原理。
(2)拆装液压助力转向系统各部件并描述其结构特点和工作原理。
(3)在工作过程中注意操作安全、工作安全,保持工作环境整洁。

3.2　技能准备

液压助力转向系统是兼用驾驶员体力和发动机(或电动机)的动力为转向能源的转向系统,它是在机械转向系统的基础上加设一套转向加力装置而形成的。

图 7-15 所示为流量控制式动力转向系统,它是在一般液压动力转向系统上再增加了旁通流量控制阀、车速传感器、转角速度传感器、电子控制单元和控制开关等部件。在转向油泵与转向器之间设有旁通管路,在旁通管路中又设有旁通流量控制阀。

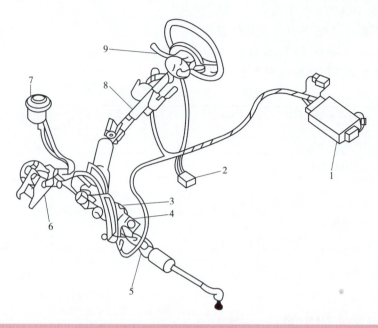

图7-15 汽车液压助力转向液压系统的组成示意图

1-EPS控制器;2-转向角速度传感器连接器;3-旁通流量控制阀;4-EPS控制线圈;5-转向传动机构;6-机油泵;7-加油箱;8-转向柱;9-转向角速度传感器

3.3 工具、设备、器材准备

(1)液压助力转向实训用车或台架。
(2)常用拆卸工具。

3.4 实训步骤

(1)每6~8名学员组成一个工作小组,确定1名组长,接受工作任务,做好工作准备。

(2)就车认识液压助力转向结构组成与原理、观察其安装位置,完成工单任务。

(3)拆装液压助力转向系统。拆装时应注意以下几点:

①要遵守操作规程,按各车型维修手册规定的方法拆装。拆装时要认真细致,不能碰伤、划伤零件的工作表面。

②要保护好密封件,如O形与矩形橡胶密封圈、油封、减摩护圈等。必要时要用专用工具拆装。特别是橡胶密封圈不允许划伤和挤伤工作表面,否则将影响密封效果。

③管路、油泵、动力缸、分配阀等液压机件拆卸后,必须用专用堵塞(橡胶、塑料或木质)及时将各油孔堵住,以免泥沙、铁屑等进入工作表面。

④装配液压机件时,应特别注意清洁,不允许金属屑、泥沙、纱头等落入配合表面。条件许可时,最好在有防尘设备的工作间进行装配。装配前,应用煤油仔细清洗,然后用压缩空气吹净,并涂上工作油液。

⑤转向油泵、动力缸装好后,要先在试验台上进行试验,然后再装车。

(4)完成实训任务后,接受指导老师技能考核。

(5)整理清洁工作场所,清点收拾借出的工具、设备、资料,交回实训室。

3.5 实训工作单

启用实训用车或液压助力转向系统的实训台架,根据实训计划要求,各小组完成自己的工作任务,教师根据学员的提问在一旁进行必要的指导。

(1)实训注意事项:

①阅读实训(室)中心规章制度,未经许可,不得移动和拆卸实训仪器与设备。

②遵守实训仪器与设备的安全操作规程。

③未确认运行安全条件之前,严禁擅自扳动仪器、设备的电器开关、起动开关或起动车辆。

④举升、下降车辆前要提醒,注意观察,一旦有危险立即停止。

⑤拆装液压助力转向部件之前查询维修手册,按顺序拆装,绝对禁止强行拆卸,务必注意稳拿轻放防止碰撞。

⑥注意人身工作安全和仪器、设备的安全使用。

(2)观察汽车转向液压助力系统的组成,并说明其工作原理。

①请在图7-16中标出车辆转向液压系统各组成部分的名称。

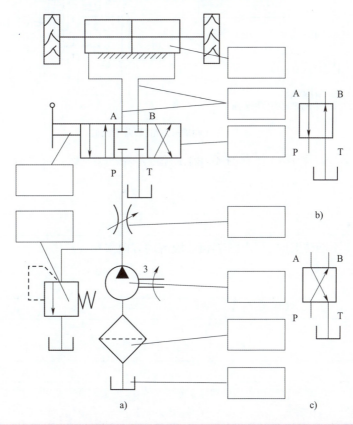

图 7-16　汽车转向液压助力系统的结构组成

②描述汽车液压助力转向系统的工作原理:

_____

_____

(3)拆装转子阀,描述转子阀结构特点及工作原理。

转子阀的等效液压油路如图7-17所示。

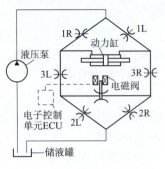

a) 等效液压油路

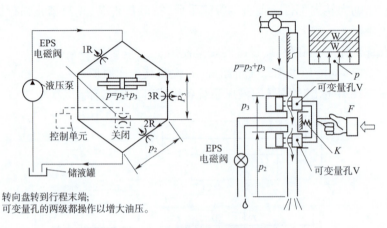

b) 电磁阀关闭时转向等效油路

图 7-17 阀灵敏度控制式转子阀的等效液压油路

① 结构特点：
_____
_____

② 转向盘处于不同位置时，写出图 7-14 油液流动方向。
a. 直线行驶：
_____
_____

b. 向右转：
_____
_____

c. 向左转：
_____
_____

3.6 检查评估

3.6.1 检查实训情况

（1）学员进行实践操作时，教师巡视检查学员操作情况，及时指出学员的操作错误，提醒注意事项，以纠正错误。

(2)学员在操作时,同组成员观察操作情况并互相提醒,操作时以工单为主导,做到自我检查,发现错误及时纠正,以保证操作的规范性和准确性。

(3)各小组成员完成液压助力转向系统的识别及相关部件的拆装任务后,首先要进行小组自检,小组成员对本次任务进行自我评价,由教师检查全体学员完成的情况及效果。

3.6.2 考核评价

(1)学员自我评价,同时与组内其他同学讨论,交流心得。

(2)考核要求:

①知道液压助力转向系统的基本组成。

②能够说出液压助力转向系统各部件安装位置。

③能够辨别液压助力转向回路的结构特点、说明工作原理。

(3)考核评价及评分标准见表7-3。

考核内容、配分及评分标准表　　　　表7-3

序号	考核内容	配分	评分标准	扣分	得分	备注
1	说出液压助力转向系统的工作原理	10	每错一处扣5分			
2	识别液压助力转向系统的基本组成	10	每错一处扣5分			
3	辨别所拆装液压助力转向系统部件的结构特点及工作原理	30	液压助力转向回路部件名称每错一次扣5分,结构特点及工作原理描述每错一次扣5分			
4	填写实训工单	20	每错一次扣5分,未填写不得分			
5	工具、仪器的正确使用方法	10	符合操作规程、使用方法、熟练程度,视实际效果酌情评分			
6	安全文明生产与环境保洁	10	安全使用电、气,无设备、人身事故,主动参与环境保洁,酌情评分			
7	工作态度与协作精神	10	视参与实践的自觉性、工作态度和团队协作精神酌情评分			
	考核教师(签字)	100	总分			

实训项目4　电控柴油机供油泵(轴向、径向柱塞泵)的拆装与试验

4.1 实训内容及目标要求

完成本实训项目后,学生应当能:

(1)通过现场辨认柴油机供油泵的组成及其工作原理。

(2)会拆装柴油机供油泵并描述其结构特点和工作原理。

(3)会在喷油泵试验台上对喷油泵进行试验。

(4)在工作过程中注意操作安全、工作安全,保持工作环境整洁。

4.2 技能准备

柴油机供油泵(又称喷油泵、高压泵)的作用是使经输油泵送来的低压燃油变成高压燃油,并按照柴油机各种不同工况的要求,定时、定量地将高压燃油送至喷油器,由喷油器喷入燃烧室中。喷油泵的出油阀弹簧调节高压油路的输出压力,喷油泵有多种形式,常用的有直列式和转子分配式。

4.2.1 直列式喷油泵液压回路的结构与原理

1)结构组成

典型的直列式喷油泵液压系统方案如图 7-18 所示。整个系统由低压部分(油箱、输油泵与燃油滤清器以及其间的连接管道)、高压部分(喷油泵、喷油器以及连接它们的高压油管)和调节系统(机械式离心调速器与供油提前器)组成。

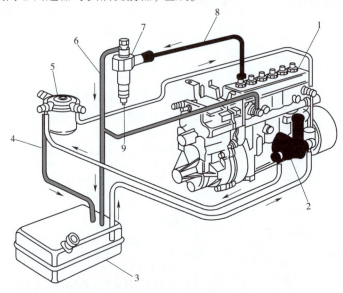

图 7-18 柴油机直列式喷油泵燃料供给系统组成简图

1—喷油泵;2—输油泵;3—燃油箱;4—滤清器回油管;5—柴油滤清器;6—喷油器回油管;7—喷油器;8—高压油管;9—喷射油束

低压部分的功能是用输油泵将油箱中的燃油经滤清器及低压油道,清洁、可靠地送往高压部分的喷油泵。

高压部分的功能是将产生的高压油沿高压油路传给喷油器并将燃油适时、适量地喷入柴油机的燃烧室,喷油量与喷油时刻则由调速器与供油提前器调节。

2)工作原理

喷油泵的基本工作原理如图 7-16 所示:柱塞 3 由凸轮经滚轮挺柱推动,并在弹簧的作用下在柱塞套 1 中作上下往复运动(驱动机构在图中未表示),柱塞上有两个控制棱边,一个为柱塞的顶面,另一个则是柱塞上的螺旋槽(或斜槽)4,柱塞上行时,当柱塞顶面关闭了进油孔 2 (图中有两个,另一个兼作回油孔)以后,便在顶部空间建立了高压并开始供油,柱塞继续上行到其螺旋槽或斜槽棱边打开进回油孔时,柱塞顶部的高压腔通过柱塞上的油槽及进回油孔与进油腔相通,压力下降,供油结束。从柱塞顶面关闭进油孔到螺旋槽斜边打开回油孔之间的柱塞行程,即为喷油泵的几何供油行程,用与调节机构(图中未表示)相连的油量调节齿杆5转动齿圈以及与其一同旋转的柱塞,可以改变螺旋槽边缘开启进回油孔的相对位置,即改变了几何供油行程,从而改变供油量。停止供油位置如图7-19a)所示,部分负荷供油位置如图7-19b)所示,全负荷供油位置如图7-19c)所示。

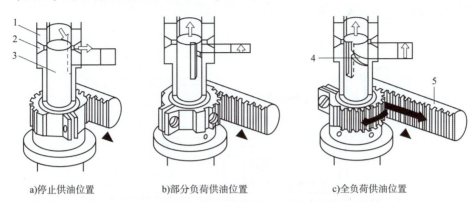

图7-19　柴油喷油泵的工件原理示意图
1-柱塞套;2-进、回油孔;3-柱塞;4-螺旋槽;5-油量调节齿杆

由于这种系统的核心即高压部分是由喷油泵、高压油管与喷油器的喷油嘴组成的,因此在以后的分类中也称为"泵—管—嘴"系统。它的优点是因为在喷油泵与喷油器之间有较长的高压油管连接,使喷油泵在柴油机上的布置比较灵活,但也正是由于高压油管的存在,油管内的燃油在高压下的可压缩性导致了整个燃料供给系统高压部分"液力刚性"的降低,难于实现高压喷射与理想的喷油规律。此外,由于喷油泵直接由柴油机驱动,当柴油机转速降低时,喷油压力也相应降低,使燃油喷射与混合气形成的条件恶化。

4.2.2　分配泵燃油供给液压系统

1)结构组成

分配泵燃油供给液压系统的组成如图7-20所示。采用一个或少量柱塞实现对多缸(4~6缸)柴油机各缸的供油,因此喷油泵的体积小,结构紧凑,成本低,主要用于小型高速车用柴油机,特别是柴油轿车中。分配泵又分为轴向柱塞式与径向柱塞式两种。

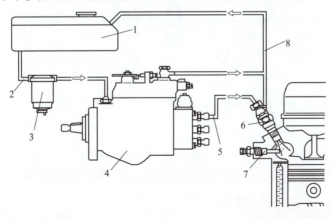

图7-20　电控共轨喷射系统中的燃油供给液压系统
1-燃油箱;2-低压油管;3-燃油滤清器;4-高压泵;5-高压油管;6-喷油器;7-爆震传感器;8-回油管

2）工作原理

（1）轴向柱塞分配泵（简称 VE 泵）。

工作原理如图 7-21 所示。它只有一个轴向柱塞,当轴向柱塞与固定在一起的端面凸轮盘一同旋转时,依靠凸轮形线表面（其凸起数与缸数相当）与滚轮之间的相互作用完成往复与旋转运动,同时实现压油与各缸供油的分配任务。

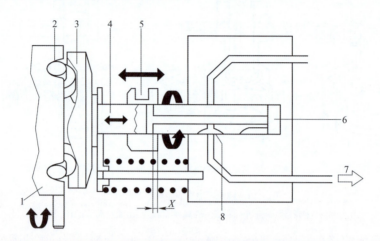

图 7-21　轴向柱塞分配泵的工作原理
1-供油提前器;2-滚轮;3-端面凸轮盘;4-轴向柱塞;5-油量调节环套;6-高压腔;7-通往喷油器的燃油;8-分配油道;X-有效行程

（2）径向柱塞分配泵（简称 VR 泵或 VP 泵）。

工作原理如图 7-22 所示,采用一对、三个成 120°布置或两对径向布置的径向柱塞,依靠它们的滚轮与内凸轮环的接触,使柱塞在转动时产生向内的压油运动而在内腔建立高压并用电磁阀控制各缸的喷油。由于径向柱塞分配泵凸轮环受力平衡（不像 VE 泵那样传给泵体）,内凸轮型面与滚轮之间接触应力较小,且可以采用多个（3 个或两对）柱塞来减小柱塞直径与相应的载荷,因此可以产生较高的喷油压力。

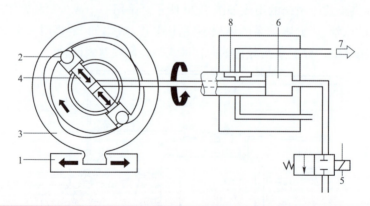

图 7-22　径向柱塞分配泵的工作原理简图
1-供油提前器;2-滚轮;3-内凸轮环;4-径向柱塞;5-电磁阀;6-高压腔;7-通往喷油器的燃油;8-分配油道

4.3　工具、设备、器材准备

（1）电控柴油机实训用车、直列式与分配式喷油泵若干、喷油泵试验台。

（2）常用拆卸工具。

4.4 实训步骤

(1) 每 6~8 名学员组成一个工作小组,确定 1 名组长,接受工作任务,做好工作准备。
(2) 就车观察喷油泵安装位置,并描述其功用。
(3) 拆装喷油泵,着重认识喷油泵类型、描述其结构特点和工作原理。
(4) 在喷油泵试验台上对柴油机的喷油泵进行检测、调整和维修。
(5) 完成实训任务后,接受指导老师技能考核。
(6) 整理清洁工作场所,清点收拾借出的工具、设备、资料,交回实训室。

4.5 实训工作单

启用实训用车辆或柴油机实训台架,根据实训计划要求,各小组完成自己的工作任务,教师根据学员的提问在一旁进行必要的指导。

(1) 实训注意事项:
①阅读实训(室)中心规章制度,未经许可,不得移动和拆卸实训仪器与设备。
②遵守实训仪器与设备的安全操作规程。
③未确认运行安全条件之前,严禁擅自扳动仪器、设备的电器开关、起动开关或起动车辆。
④举升、下降车辆前要提醒,注意观察,一旦有危险立即停止。
⑤拆装喷油泵之前查询维修手册,按顺序拆装,绝对禁止强行拆卸,务必注意稳拿轻放防止碰撞。
⑥注意人身工作安全和仪器、设备的安全使用。

(2) 观察喷油泵安装位置,并描述其功用:
_____
_____

(3) 拆装直列式柱塞喷油泵。
①完成图 7-23 所示柱塞式喷油泵分泵各零件名称,并结合图 7-24 柱塞式喷油泵泵油原理示意图描述其工作原理。

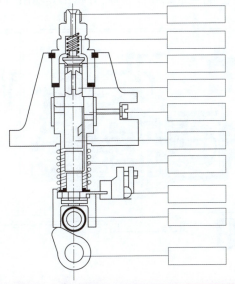

图 7-23 柱塞式喷油泵分泵结构

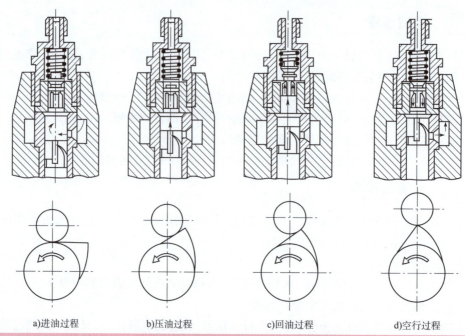

图 7-24　柱塞式喷油泵泵油原理示意图

② 思考题。

a. 简述直列式柱塞泵结构特点与泵油原理。

b. 简述柱塞改变供油量的原理。

（4）拆装分配式柱塞喷油泵。

① 完成图 7-25VE 转子分配泵组成部件名称，并指出其功用与工作原理。

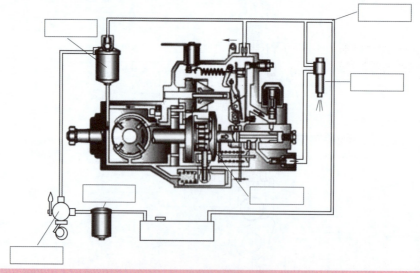

图 7-25　VE 转子分配泵组成示意图

②思考题。

a. VE 转子分配泵与直列式柱塞泵相比结构上有什么特点？采用 VE 转子分配泵有什么优点？

_____

b. VE 转子分配泵柱塞如何驱动？

_____

c. 描述 VE 转子分配泵泵油原理。

_____

（5）喷油泵试验。

试验结果：

_____

4.6 检查评估

4.6.1 检查实训情况

（1）学员进行实践操作时，教师巡视检查学员操作情况，及时指出学员的操作错误，提醒注意事项，以纠正错误。

（2）学员在操作时，同组成员观察操作情况并互相提醒，操作时以工单为主导，做到自我检查，发现错误及时纠正，以保证操作的规范性和准确性。

（3）各小组成员完成电控柴油机供油泵的识别及供油泵的拆装任务后，首先要进行小组自检，小组成员对本次任务进行自我评价，由教师检查全体学员完成的情况及效果。

4.6.2 考核评价

（1）学员自我评价，同时与组内其他同学讨论，交流心得。

（2）考核要求：

①知道柴油机供油泵的类型和基本组成。

②能够说出柴油机供油泵各部件名称。

③能够辨别柴油机供油泵的结构特点、说明工作原理。

④能在喷油泵试验台上对柴油机供油泵进行试验并分析结果。

（3）考核评价及评分标准见表 7-4。

考核内容、配分及评分标准表　　　　表 7-4

序号	考核内容	配分	评分标准	扣分	得分	备注
1	说出柴油机供油泵的工作原理	10	每错一处扣 5 分			
2	识别柴油机供油泵的类型和基本组成	10	每错一处扣 5 分			

续上表

序号	考核内容	配分	评分标准	扣分	得分	备注
3	辨别所拆装柴油机供油泵的结构特点及工作原理。对柴油机供油泵进行试验并分析结果	30	柴油机供油泵名称每错一次扣5分,结构特点及工作原理描述每错一次扣5分。柴油机试验结果不会分析扣10分			
4	填写实训工单	20	每错一次扣5分,未填写不得分			
5	工具、仪器的正确使用方法	10	符合操作规程、使用方法、熟练程度,视实际效果酌情评分			
6	安全文明生产与环境保洁	10	安全使用电、气,无设备、人身事故,主动参与环境保洁,酌情评分			
7	工作态度与协作精神	10	视参与实践的自觉性、工作态度和团队协作精神酌情评分			
	考核教师(签字)	100	总分			

项目 8 气压传动元件与回路的认识

任务 1 气动元件的识别

 知识目标

1. 正确叙述气压传动的组成及特点。
2. 正确叙述气压动力装置及辅助元件的组成与原理。
3. 正确叙述气压制动系统中膜片式制动气室的组成与原理。
4. 正确叙述气压制动系统中并列双腔膜片式制动控制阀与串联双腔活塞式制动阀的组成与原理。

 能力目标

1. 会描述气压传动的组成及特点。
2. 会叙述气压动力装置及辅助元件的组成与原理。
3. 会描述膜片式制动气室的组成与原理。
4. 会描述并列双腔膜片式制动控制阀与串联双腔活塞式制动阀的组成与原理。

 素养目标

1. 具备应用网络查询气压系统图形符号的功能与应用的素养。
2. 具备识别气压传动系统特殊部件的素养。

 知识链接

1.1 气压传动的组成与特点

1.1.1 气压传动的组成

气压传动,是以压缩空气为工作介质进行能量传递和信号传递的一门技术。气压传动的工作原理是利用空气压缩机把电动机或其他原动机输出的机械能转换为空气的压力能,然后在控制元件的作用下,通过执行元件把压力能转换为直线运动或回转运动形式的机械能,从而完成各种动作,并对外做功。

气压传动系统和液压传动系统类似,也是由四部分组成的,它们是:

(1)气源装置。获得压缩控制的装置。其主体部分是空气压缩机,它将原动机供给的机械能转变为气体的压力能。

(2)控制元件。用来控制压缩空气的压力、流量和流动方向的,以便使执行机构完成预定的工作循环。它包括各种压力控制阀、流量控制阀和方向控制阀等。

(3)执行元件。是将气体的压力能转换为机械能的一种能量转换装置。包括气缸、气马达、摆动马达。

(4)辅助元件。是保证压缩空气的净化、元件的润滑、元件间的连接及消声等所必须的,它包括过滤器、油雾器、管接头及消声器等。

1.1.2 气压传动的特点

(1)气压传动的优点:

①以空气为工作介质,工作介质获得比较容易,用后的空气排到大气中,处理方便,与液压传动相比不必设置回收的油箱和管道。

②因空气的黏度很小(约为气压油动力黏度的万分之一),其损失也很小,所以便于集中供气、远距离输送。外泄漏不会像液压传动那样严重污染环境。

③与液压传动相比,气压传动动作迅速、反应快、维护简单、工作介质清洁,不存在介质变质等问题。

④工作环境适应性好,特别在易燃、易爆、多尘埃、强磁、辐射、振动等恶劣工作环境中,比液压、电子、电气控制优越。

⑤成本低,过载能自动保护。

(2)气压传动的缺点:

①由于空气具有可压缩性,因此工作速度稳定性稍差。但采用气液联动装置会得到较满意的效果。

②因工作压力低(一般为 0.3~1.0MPa),又因结构尺寸不宜过大,总输出力不宜大于 10~40kN。

③噪声较大,在高速排气时要加消声器。

④气动装置中的气信号传递速度在声速以内比电子及光速慢,因此,气动控制系统不宜用于元件级数过多的复杂回路。

1.2 气压动力装置及辅助元件

气压传动系统中的气源装置是为气动系统提供满足一定质量要求的压缩空气,它是气压传动系统的重要组成部分。由空气压缩机产生的压缩空气,必须经过降温、净化、减压、稳压等一系列处理后,才能供给控制元件和执行元件使用。而用过的压缩空气排向大气时,会产生噪声,应采取措施,降低噪声,改善劳动条件和环境质量。

1.2.1 对压缩空气的要求

(1)要求压缩空气具有一定的压力和足够的流量。

(2)要求压缩空气有一定的清洁度和干燥度。清洁度是指气源中含油量、含灰尘杂质的质量及颗粒大小都要控制在很低范围内。干燥度是指压缩空气中含水量的多少,气动装置要求压缩空气的含水量越低越好。

混在压缩空气中的油蒸气可能聚集在储气罐、管道、气动系统的容器中,有引起爆炸的危险或影响设备的寿命。

压缩空气中含有的饱和水分,在一定的条件下会凝结成水,并聚集在个别管道中。在寒冷的冬季,凝结的水会使管道及附件结冰而损坏,影响气动装置的正常工作。

压缩空气中的灰尘等杂质,对气动系统中作往复运动或转动的气动元件的运动副会产生研磨作用,使这些元件因漏气而降低效率,影响它的使用寿命。

因此气源装置必须设置一些除油、除水、除尘,并使压缩空气干燥,提高压缩空气质量,进行气源净化处理的辅助设备。

1.2.2 空气压缩机的组成及布置

图 8-1 所示为早期汽车单管路气压制动传动装置的基本组成示意图。主要由空气压缩机、储气筒、气压表、卸荷阀、调压器、制动控制阀、制动管路和制动灯开关等组成。

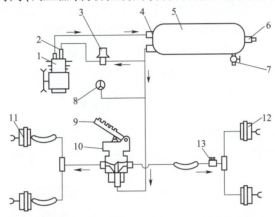

图 8-1 车辆单管路气压制动传动装置基本组成
1-空气压缩机;2-卸荷阀;3-调压器;4-止回阀;5-储气筒;6-安全阀;7-油水放出阀;8-气压表;9-制动踏板;10-制动控制阀;11-前制动气室;12-后制动气室;13-制动灯开关

制动时,驾驶员踩下制动踏板,通过连接杆使制动控制阀的进气阀打开,储气筒中的高压空气从气管经制动控制阀的进气阀门流入制动气室,推动气室推杆向外伸出,通过调整臂带动凸轮轴转动,迫使制动蹄压向制动鼓,产生制动力矩,实现制动。

放松制动时,抬起制动踏板,制动控制阀的排气通道打开,制动气室的高压空气倒流回制动阀经排气孔排入大气,制动气室推杆和制动凸轮轴转回到不制动位置,使制动作用解除。

1.2.3 空气压缩机

1)空气压缩机的分类

空气压缩机是气动系统的动力源,将机械能转变成气压能。空气压缩机的种类很多,按工作原理分为容积型空气压缩机和速度型空气压缩机。容积型空气压缩机的工作原理是压缩气体的体积,使单位体积内气体分子的密度增加以提高压缩空气的压力。速度型空气压缩机的工作原理是提高气体分子的运动速度,然后使气体分子的动能转化为压力能以提高压缩空气的压力。按结构分有活塞式、膜片式、叶片式、螺杆式等。车辆上气压传动系统中最常用的空气压缩机是往复活塞式。

2)空气压缩机的选用原则

选择空气压缩机的根据是气压传动系统所需要的工作压力和流量两个主要参数。一般空气压缩机为中压空气压缩机,额定排气压力为1MPa;另外还有低压空气压缩机,额定排气压力为0.2MPa;高压空气压缩机,额定排气压力为10MPa。空气压缩机流量的选择,要根据整个气动系统对压缩空气的需要再加一定的备用余量。空气压缩机铭牌上的流量是自由空气流量。

3) 活塞式空气压缩机的工作原理

如图8-2所示,发动机运转时,空气压缩机即随之运转。当活塞1下行时,吸开进气阀门6,外界空气经空气滤清器5、进气阀6进入气缸7。活塞1上行时,进气阀6在弹簧作用下关闭,气缸体7内空气被压缩并顶开出气阀门2,压缩空气经出气口和气管送到湿储气筒。当储气筒内的气压达到700~740kPa时,卸荷柱塞3顶开进气阀6,使空气压缩机气缸与大气相通不再泵气。

4) 知识拓展——调压阀

(1) 功用。

调压阀的功用是使储气筒保持在规定的气压范围内,并在超过规定气压后,使空气压缩机卸荷空转,以减少发动机的功率消耗。调压阀在回路中的连接方法有两种:一是调压阀与空气压缩机和储气筒并联,当系统内的压力达到规定值时调压器使空气压缩机的进气阀开启,卸荷空转;二是将调压阀串联在空气压缩机和储气筒之间,当系统内的空气压力达到规定值时,调压阀将多余的压缩空气直接排入大气,使空气压缩机卸荷空转。

(2) 结构。

图8-3所示为东风EQ1090E型汽车调压阀结构图。其主要由盖、调压螺钉、调压弹簧、膜片、空心管、接卸荷装置管接头、排气阀、接储气筒管接头、壳体等组成。

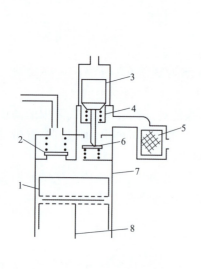
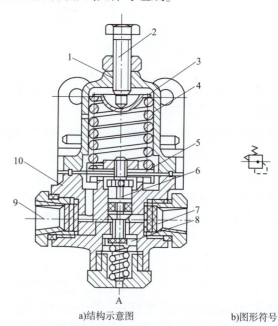

图8-2 往复活塞式空气压缩机工作原理图
1-活塞;2-出气阀;3-卸荷柱塞;4-柱塞弹簧;5-空气滤清器;6-进气阀;7-缸体;8-连杆

图8-3 东风EQ1090E型汽车调压阀
1-盖;2-调压螺钉;3-弹簧座;4-调压弹簧;5-膜片;6-空心管;7-接卸荷装置管接头;8-排气阀;9-接储气筒管接头;10-壳体;A-排气口

调压阀壳体10上装有两个带滤芯的管接头7、9,分别与空气压缩机卸荷装置和储气筒相通。壳体和盖1之间装有膜片5和调压弹簧4,膜片中心用螺纹与空心管6连接。空心管可以在壳体的中央孔内滑动,其间有密封圈,上部的侧面有径向孔与轴向孔相通。调压阀下部装有与大气相通的排气阀 8。

(3) 工作原理。

如图 8-4 所示,当储气筒内气压未达到规定值时,膜片 4 下方气压较低,不足以克服调压弹簧 3 的预紧力,膜片连同空心管被调压弹簧压下极限位置,空心管下端面紧压着排气阀,并将它推向阀座,此时由储气筒至空气压缩机卸荷装置的通路被隔断,卸荷装置与大气相通,卸荷装置不起作用,空气压缩机对储气筒正常充气。

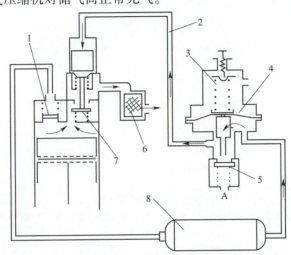

图 8-4　空气压缩机与调压阀工作原理示意图
1-进气阀;2-管道;3-调压弹簧;4-膜片;5-排气阀;6-空气过滤器;7-卸荷阀;8-储气筒;A-排气口

当储气筒气压升高到 700～740kPa 时,膜片下方气压作用力便克服调压弹簧 3 的预紧力而推动膜片 4 上拱,空心管 9 和排气阀 5 也随之上移,直到排气阀压靠在阀座上,切断空气压缩机卸荷室与大气的通路,并且空心管下端面也离开排气阀,而出现一相应间隙。此时,卸荷室经空心管 9 的径向孔、轴向孔与储气筒相通,压缩空气进入卸荷室,迫使卸荷柱塞克服弹簧预紧力而下移,将空气压缩机阀门压下,使之保持在开启位置不动。这样,空气压缩机便卸荷空转,不产生压缩空气。当储气筒气压降到 560～600 kPa 时,在调压弹簧 3 的作用下,调压阀的膜片、空心管排气阀也下移。空气压缩机卸荷室的压缩空气经调压阀排气口 A 排入大气。卸荷柱塞在弹簧作用下向上回位,于是空气压缩机恢复向储气筒充气。

1.3　气动执行元件

制动气室是车辆常用的执行元件。它的作用是将输入的空气压力转变为转动制动凸轮的机械力,以实现车轮制动。

图 8-5 所示为膜片式制动气室。它主要由进气接头、橡胶膜片、壳体、支承盘、推杆及复位弹簧等组成。夹布层橡胶膜片的周缘用卡箍夹紧在壳体和盖的凸缘之间。盖 2 与膜片 3 之间为工作腔。用橡胶软管与由制动阀接出的钢管连通,膜片 3 右方则通大气。弹簧 5 通过焊接在推杆 8 上的支承盘 4 推动膜片 3 紧靠在盖 2 的极限位置。推杆 8 的外端通过连接叉 9 与制动器的制动调整臂相连。

当驾驶员踩下制动踏板时,压缩空气经制动阀进入制动气室,在高压空气作用下膜片 3 变形,推动推杆 8 并带动制动调整臂,转动制动凸轮将蹄片压向制动鼓而产生制动作用。

当驾驶员放松制动踏板时,制动气室中的压缩空气经快放阀(或制动阀)排到大气中。在弹簧5的作用下,推杆8和膜片3又恢复原始状态,准备下一次的动作。

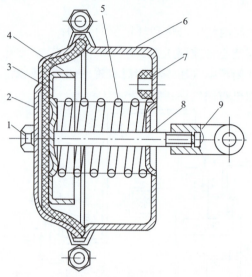

图8-5　膜片式制动气室

1-进气接头;2-盖;3-膜片;4-支承盘;5-弹簧;6-壳体;7-螺钉孔;8-推杆;9-连接叉

 课堂讨论

1. 简述气压传动系统的组成与特点。
2. 简述空气压缩机及调压阀的组成与原理。
3. 简述膜片式制动气室的组成与原理。
4. 简述并列双腔膜片式制动控制阀与串联双腔活塞式制动阀的组成与原理。

1.4　知识拓展——气动控制元件

制动控制阀的作用是控制从储气筒充入制动气室和挂车制动控制阀的压缩空气量,从而控制制动气室中的工作气压,并有逐渐变化的随动作用,即保证制动气室的气压与踏板力或踏板行程有一定的比例关系。

1.4.1　并列双腔膜片式制动控制阀

图8-6所示为并列双腔膜片式制动控制阀。它主要由拉臂、上壳体、下壳体、平衡弹簧总成、滞后机构总成等组成。拉臂用销轴支承在上壳体的支架上,可绕销轴摆动。支架上装有限位螺钉,用以调整最大工作气压。拉臂上还装有调整螺钉和锁紧螺母,用以调整踏板自由行程。上壳体内装有平衡弹簧总成,可上下移动,壳体中央孔内压装衬套,推杆装入其中,能轴向移动。推杆上端与平衡弹簧座相抵靠,下端伸入平衡臂杠杆孔内。平衡臂杠杆两端压靠在两腔内膜片挺杆总成上。下壳体下部孔中安装两个阀门,两侧有4个接头孔,下方2个为进气孔,上方2个为排气孔。

当驾驶员踏下制动踏板时,拉动制动阀拉臂,将平衡弹簧上座5下压,经平衡弹簧6和下座7、钢球8,并通过推杆4和钢球8将平衡臂9压下,推动两腔内膜片10挺杆总成下移,消除间隙后,先关闭排气孔,然后打开进气孔,储气筒内的压缩空气经进气阀充入各制动气室,使车轮制动。

当驾驶员踩下制动踏板至某一位置不变时,由于压缩空气不断输送到前、后制动气室,同时压缩空气经节流孔,进入平衡腔 V 的气压也随之增大,当膜片 10 下方的总压力和复位弹簧的张力之和大于平衡弹簧 6 的张力时,膜片总成上移,通过平衡臂 9,推动平衡弹簧下座 7 上移,平衡弹簧 6 被压缩,阀门将进气阀和排气阀同时关闭,储气筒便停止对制动气室输送压缩空气,处于一种平衡状态,各制动气室的压缩空气保留在气室中,车辆便保持一定的制动强度。随着制动踏板踩下,制动气室的气压成比例上升,制动效能又得到加强。制动踏板踩至一定程度,拉臂的限位块便抵在限位螺钉上,限制了制动阀的最大工作气压。

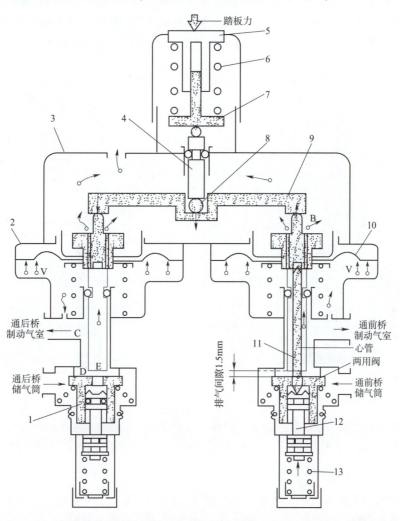

图 8-6　并列双腔膜片式制动控制阀
1-两用阀总成;2-下壳体;3-上壳体;4-推杆;5-平衡弹簧上座;6-平衡弹簧;7-平衡弹簧下座;8-钢球;9-平衡臂;10-膜片;11-滞后推杆;12-密封柱塞;13-滞后弹簧;;B-上部排气孔;V-平衡腔

当驾驶员放松制动踏板时,拉臂在复位弹簧的作用下回位,平衡弹簧座上端面的压力消除,推杆、平衡臂、膜片总成均在复位弹簧及平衡腔 V 内压缩空气的作用下向上移,排气孔 E 被打开,制动气室及制动管路的压缩空气便经排气孔,穿过挺杆内孔通道,从上壳体排气孔 B 排入大气,制动解除。若制动中制动踏板只放松至某一位置不动,膜片总成下方的总气压降至小于平衡弹簧张力时,膜片总成便向下移至两阀门都处于关闭的平衡状态,制动强度相应下降至某一位置,但仍保持一定的制动作用。当制动踏板完全放松时,制动才彻底解除。

1.4.2 串联双腔活塞式制动阀

图 8-7 所示为串联双腔活塞式制动阀,在上、下进气腔与储气筒之间接一个容积为 1L 的容器和一个阀门,通入压力为 784kPa 的压缩空气。首先关闭阀门,检查 D、E 腔的密封性。要求在 5min 内气压表指针下降不大于 24.5kPa。将拉臂拉倒极限位置,检查 A、B 腔的密封性。要求在 1 min 内气压表指针下降不大于 49kPa。其工作原理:推杆与芯管之间是依靠平衡弹簧来传力,而平衡弹簧的工作长度和作用力随自制动阀到制动气室的促动管路的压力而变化。因此只要自制动踏板传到推杆的力大于平衡弹簧预紧力,不论制动踏板停留在哪一个工作位置,制动阀都能自动达到并保持以进气阀和排气阀二者都关闭为特征的平衡状态。

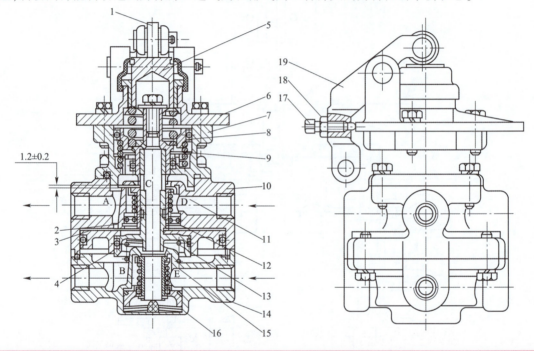

图 8-7 串联双腔活塞式制动阀

1-滚轮;2-通气孔;3-大活塞;4-小活塞复位弹簧;5-挺杆;6-上盖;7-上壳体;8-上活塞总成;9-上活塞复位弹簧;10-中壳体;11-上阀门;12-卡环;13-小活塞总成;14-下壳体;15-下阀门;16-排气阀;17-调整螺钉;18-锁紧螺母;19-拉臂

1.4.3 气动控制阀的分类与图形符号

气动控制阀的和液压控制阀相似,仅在结构上有所不同。按功能也分为压力控制阀、流量控制阀和方向控制阀三大类。表 8-1 列出了三大类气动控制阀及其特点。

气 动 控 制 阀　　　　表 8-1

类　别	名　称	图形符号	特　点
压力控制阀	减压阀		调整或控制气压的变化,保持压缩空气减压后稳定在需要值,又称调压阀。一般与分水过滤器、油雾器共同组成气动三大件。对低压系统则需用高精度的减压阀——定值器

续上表

类 别	名 称	图形符号	特 点
压力控制阀	溢流阀		为保证气动回路或储气罐的安全,当压力超过某一调定值时,实现自动向外排气,使压力回到某一调定值范围内,起过压保护作用。又称安全阀
	顺序阀		依靠气路中压力的作用,按调定的压力控制执行元件顺序动作或输出压力信号。与止回阀并联可组成止回顺序阀
流量控制阀	节流阀		通过改变阀的流通面积来实现流量调节。与止回阀并联组成止回节流阀,常用于气缸的调速和延时回路中
	排气消声节流阀		装在执行元件主控阀的排气口处,调节排入大气中气体的流量。用于调整执行元件的运动速度并降低排气噪声
方向控制阀	换向型控制阀	气压控制换向阀 a) b)	以气压为动力切换主阀,使气流改变流向; 操作安全可靠,适用于易燃、易爆、潮湿和粉尘多的场合; a)图为加压或泄压控制换向,b)图为差压控制换向
		电磁控制换向阀 a) b) c)	用电磁力的作用来实现阀的切换以控制气流的流动方向,分为直动式和先导式两种; 通径较大时采用先导式结构,由微型电磁铁控制气路产生先导压力,再由先导压力推动主阀阀芯实现换向,即电磁、气压复合控制; a)图为直动式电磁阀,b)、c)图为先导式电磁阀。其中b)图为气压加压控制,c)图为气压泄压控制
		机械控制换向阀 a) b) c)	依靠凸轮、撞块或其他机械外力推动阀芯使其换向; 多用于行程程序控制系统,作为信号阀使用,又称行程阀; a)图为直动式机控阀,b)图为滚轮式机控阀,c)图为可通过式机控阀
		人力控制换向阀 a) b) c)	分为手动和脚踏两种操作方式; a)图为按钮式,b)图为手柄式,c)图为脚踏式
	止回型控制阀	止回阀	气流只能一个方向流动而不能反向流动
		梭阀	两个止回阀的组合,其作用相当于"或门"
		双压阀	两个止回阀的组合结构形式,其作用相当于"与门"
		快速排气阀	常装在换向阀与气缸之间,它使气缸不通过换向阀而快速排出气体,从而加快气缸的往复运动速度,缩短工作周期

思考题

1. 气动元件包括哪些？有哪些元件与液压传动不同？不同点是什么？
2. 简述气动控制阀的分类与图形符号。

任务 2　车辆气动 ABS 基本回路的识别与故障诊断

 知识目标

1. 正确叙述气动基本回路的类型、组成与工作原理。
2. 正确识别车辆气动 ABS 基本回路的组成与原理。
3. 正确叙述气动系统的故障诊断方法。

 能力目标

1. 会描述气动基本回路的类型、基本组成及工作原理。
2. 会叙述车辆气动 ABS 回路的组成与工作原理。
3. 会描述气动系统泄漏故障及解决措施。

 素养目标

1. 具备应用网络查询车辆常用气动基本回路的素养。
2. 具备识别气动系统故障并能诊断排除的素养。

 知识链接

2.1　气动基本回路

目前，大多数重载车辆均使用气压制动系统，图 8-8 所示为车辆气压制动传动装置的基本组成。驾驶人员根据需要，直接踩踏制动踏板即可以实现车辆的减速或停车。

根据设计的不同，气动基本回路有：双管路气压制动传动装置、气顶液式制动系统和气动 ABS 基本回路等。

2.1.1　双管路气压制动传动装置

1) 普通双管路气压制动回路

图 8-9 所示为东风 EQ1090E 型汽车的双管路气压制动传动装置示意图。它有两个主储气筒 14 和 17。单缸压缩机 1 产生的压缩空气首先经过止回阀 4 输入湿储气筒 6 进行油水分离，之后分成两个回路：一个回路经过储气筒 14、并列双腔制动阀 3 的后腔而通向前制动气室 2；另一个回路经过储气筒 17、双腔制动阀 3 的前腔和快放阀 13 通向后制动气室 10。当其中一个回路发生故障失效时，另一回路仍能继续工作，以维持汽车具有一定的制动能力，从而提高了汽车的行驶安全性。

装在制动阀 3 至后制动气室 10 之间的快放阀 13 的作用是：当松开制动踏板时，使后轮制动气室放气线路和时间缩短,保证后轮制动器迅速解除制动。

前、后制动回路的储气筒上都装有低压报警器15,当储气筒中的气压低于0.35MPa时,便接通装在驾驶室内转向柱支架内侧的蜂鸣器的电路,使之发出断续鸣叫声,以警告驾驶员,注意储气筒内气压过低。

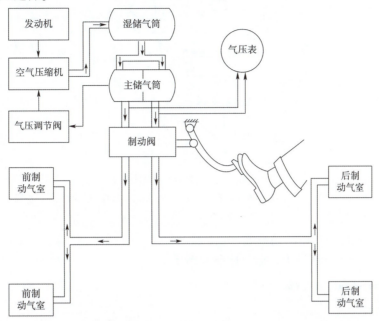

图8-8 车辆气压制动传动装置的基本组成

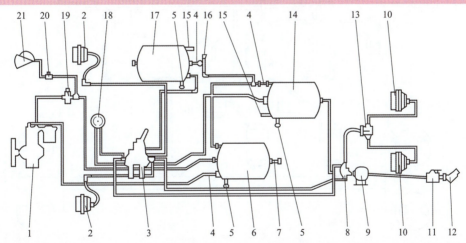

图8-9 东风EQ1090E型汽车双管路制动系统传动机构示意图

1-空气压缩机;2-前制动气室;3-并列双腔式制动控制阀;4-储气筒止回阀;5-放水阀;6-湿储气筒;7-安全阀;8-梭阀;9-挂车制动阀;10-后制动气室;11-挂车分离开关;12-连接头;13-快放阀;14-前制动器主储气筒;15-低压报警器;16-取气阀;17-后制动器主储气筒;18-双针气压表;19-气压调节阀;20-气喇叭开关;21-气喇叭调压阀

在不制动的情况下,前制动储气筒14还通过挂车制动阀9、挂车分离开关11、连接头12向挂车储气筒充气。制动时,双腔制动阀的前、后腔输出气压可能不一致,但都通入梭阀8,梭阀则只让压力较高一腔的压缩空气输入挂车制动阀9,后者输出的气压又控制装在挂车上的继动阀,使挂车产生制动。

2）气压增压双回路制动系统

图8-10 所示为气压增压双回路制动系统。

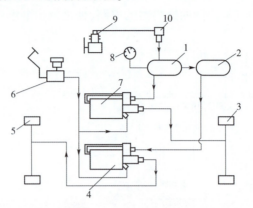

图8-10　气压增压双回路制动系统

1-储气筒1；2-储气筒2；3-制动轮缸1；4-气压增压器；5-制动轮缸2；6-制动主缸；7-气压增压器2；8-气压表；9-空气压缩机；10-调压阀

3）气压助力伺服双回路制动系统

如图8-11 所示为气压助力伺服双回路制动系统。

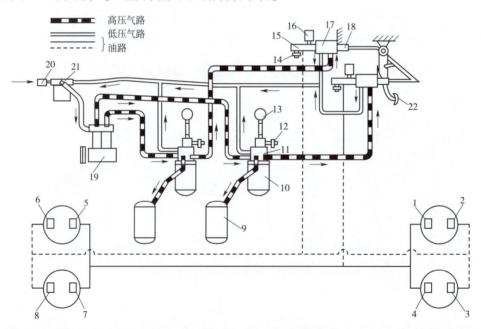

图8-11　气压助力伺服双回路制动系统

1~8-制动轮缸；9-副储气筒；10-主储气筒；11-调压阀；12-低压报警灯开关；13-压力表；14-制动信号灯开关；15-制动主缸；16-储液罐；17-气压助力器的伺服气室；18-气压助力器的控制阀；19-空气压缩机；20-空气滤清器；21-防冻泵；22-制动踏板机构

2.1.2　气顶液式制动系统

气压制动系统作为一种动力制动系统，比人力气压制动系统更容易满足在踏板力不大而踏板行程又不长的条件下产生较大制动力的要求。但气压系统的工作压力比液压系统的工作压力低得多，因而其部件的尺寸和质量都比液压系统的相应部件大得多。例如，气压轮缸可以装在制动器内直接作为制动蹄张开装置,而尺寸很大的制动气室则只能装在制动器外,必须通过制动调整臂和制动凸轮轴等一系列零件来张开制动蹄,况且这些零件及其支撑座都很笨重而且属于非簧载质量,有损于汽车行驶平顺性。其他气压部件,如空气压缩机和储气筒等也都比相应的油泵和储能器等气压部件更大更重。因此,气压制动系统只宜用于中型以上,特别是重型的货车和客车。

此外,在踩下和放开制动踏板时,气压系统中工作压力的建立和撤除,都比液压系统缓慢得多。一般说来,气压制动系统的工作滞后时间约3倍于液压制动系统。

为了兼取气压制动系统和液压制动系统二者之长,有些重型汽车采用了如图8-12所示的气顶液式动力制动系统。在图示的双回路制动系统中,供能装置和控制装置都是气压式的,传动装置则是气压—液压组合式的。气压能通过互相关联的制动气室和液压主缸转换为液压能。这样,气压系统可以布置得尽量紧凑些,以缩短管路长度和滞后时间。用气压轮缸作为制动器促动装置大大减少了非簧载质量。

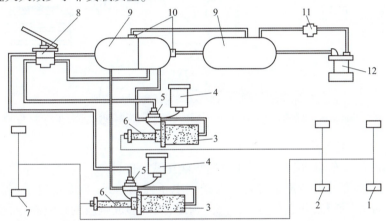

图8-12 气顶液制动系统示意图

1、2、7-制动轮缸;3-动力气室;4-储液罐;5-气压继动阀;6-液压主缸;8-串列双腔制动控制阀;9-储气罐;10-止回阀;11-调压阀;12-空气压缩机

使用气顶液制动系统的汽车用来牵引挂车时,挂车可用气压制动,也可用液压制动。此外,这种气压和液压系统兼备的汽车的各个车桥的制动器有可能分别采用气压促动和液压促动。

2.2 车辆气动 ABS 基本回路的识别

2.2.1 气压式 ABS 的基本组成

在大、中型客、货车辆中,采用气压式制动的 ABS 控制。气压式 ABS 也是由传感器、电子控制单元(ECU)、气压控制阀、警示装置、线束以及电源等组成。其中传感器、电子控制单元(ECU)、气压制动控制阀是 ABS 的三大主要部件,图8-13所示为气压式 ABS 的客车制动系统结构示意图。各元件的功用是:

(1)传感器包括传感头和脉冲齿圈,它是用来收集制动车辆的运动学状态参数,供电子控制单元(ECU)运算、分析、判断。对传感器的要求是:信号采集准确、不失真、使用可靠、便于检修。

(2)电子控制单元(ECU)接收并判断由传感器发来的信号,再向压力控制阀发出控制指令,调控制动压力,使制动车轮的运动状态趋于理想化。

(3)气压制动阀是 ABS 的执行机构,它接收电子控制单元(ECU)的命令,对制动中的气压实施调控。

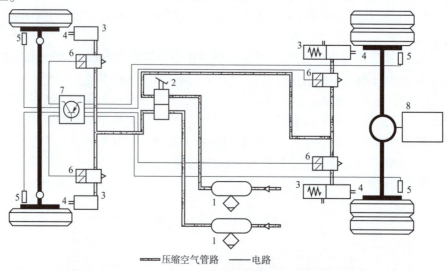

图 8-13　气压 ABS 的客车制动系统结构示意图

1-储气筒;2-气压制动阀;3-制动室;4-脉冲环;5-传感器;6-气压控制阀;7-电子控制单元(ECU);8-发动机

2.2.2　气压式 ABS 的工作原理

气压式 ABS 的客车制动系统的工作原理与液压式 ABS 相似。在每个车轮上安置一个轮速传感器,它们将各车轮的转速信号及时发送到电子控制单元(ECU);电子控制单元收集到制动车辆的运动状态参数,并进行运算、分析、判断,同时形成响应的控制指令,适时发出控制指令给气压控制阀;气压控制阀是 ABS 中的执行器,它包括压力调节器和电磁阀等组成的一个独立装置,并通过制动管路与气压制动阀相连,制动压力调节器受电子控制单元的控制,对各制动气室的制动压力进行调节,在制动过程中用来确保车轮始终不抱死,车轮滑动率处于合理范围内。

汽车在制动过程中,轮速传感器把各个车轮的转速信号及时输送给 ABS 控制单元,ABS 控制单元根据设定的控制逻辑对 4 个轮速传感器输入的信号进行处理,并计算汽车的参考车速、各车轮速度和减速度,确定各车轮滑移率,并将滑移率与设定的滑移率控制极限值进行比较。如果某个车轮的滑移率超过了控制极限值,ABS 控制器就输出指令给压力调节器,使该车轮制动气室的制动压力减小;如果某个车轮滑移率还没达到设定的控制极限值,ABS 控制器也输出指令至压力调节器,使该车轮的制动气室压力增大;如果某个车轮滑移率接近于设定的控制极限值,ABS 控制器就输出指令至压力调节器,使该车轮制动气室的制动压力保持一定,从而使各个车轮的滑移率保持在理想的范围之内,防止车轮抱死。在制动过程中,如果没有车轮趋于抱死,ABS 将不参与制动压力控制,此时制动过程与常规气压制动系统制动过程相同。如果 ABS 出现故障,ABS 控制单元将不再对压力调节器进行控制,并将仪表板上的 ABS 报警灯点亮,向驾驶员发出信号,此时 ABS 不起作用,制动过程将与没有 ABS 的常规气压制动系统工作过程相同。

2.2.3　气压 ABS 的压力调节器

大中型客、货车辆采用气压制动的 ABS 控制,其基本类型可以分为气压控制与气—液综合控制两种，下面仅介绍其典型压力控制器的结构与工作原理。

典型的制动气压控制系统调节器结构，如图 8-14 所示。该图的关键仍然是：进气通道与排气通道分别由一个膜片式隔离阀，通过控制其打开与关闭来控制进、排气路。膜片式隔离阀则由电磁阀通过导气通道控制其运动，而电磁阀则根据电子控制单元(ECU)的指令动作，由此而构成控制系统的增压、保压与降压过程，从而实现 ABS 的控制。

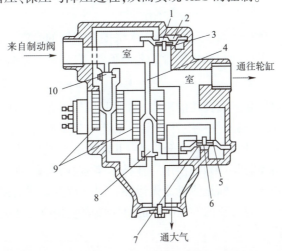

图 8-14 典型气压直接控制式调节器结构图

1-导气室；2-膜片；3-进气阀；4-导气孔；5-膜片；6-导气室；7-排气阀；8-排气阀电磁阀；9-线圈；10-进气阀电磁阀

1. 根据设计的不同，气动基本回路有哪些？
2. 简述双管路气压制动传动装置的类型、基本组成及工作原理。
3. 分析汽车气动 ABS 的组成和工作原理。
4. 分析气动系统的泄漏故障及解决措施。

2.3 知识拓展——气动系统的故障诊断

2.3.1 泄漏

气动系统的泄漏是一种常见故障。外泄漏会造成系统空气压力过低，影响执行元件的工作性能和执行元件运动的平稳性。今后，将发展无泄漏元件和系统，如发展集成化和复合化的元件和系统，实现无管连接，研制新型密封和无泄漏管接头等。无泄漏将是气压技术今后努力的重要方向之一。气动系统的泄漏的原因主要有以下几个方面。

1）产品

连接件：连接件的规格与质量是影响的主要因素之一，因此如何选择是重要的。另外，新技术的出现也必须关注。

软管：影响管的持续使用寿命，并导致泄漏的 6 个主要因素是：氧化、温度、工作压力、弯曲半径、介质（类型和流速）和软管接头对软管的挤压。

2）安装

连接件的正确安装不是"凭感觉"用扳手把它拧紧就行了，各制造厂商都制定了相应的力矩标准,在安装过程中必须严格遵守。

3) 性能的提高

气压系统更好地工作意味着更高的生产率,从而缩短运行周期,这将给系统带来完全不同于以往的强劲生命力。随之而来的是,机动性和低能量消耗的需求也随之增加。这给气压泄漏带来了更大的挑战。

4) 设计

大多数车辆制造商很快就学会了使用新技术来提高车辆的生产率,但是,一旦提到泄漏和清洁方面的问题,就会显得比较被动。配管工艺的疏忽,将会造成系统管道和软管的应力。

2.3.2 如何实现无泄漏气压系统和节约费用

第一,要实实在在地接受泄漏存在的事实,对泄漏成因有足够的认识。第二,确保使用的是正规厂有生产合格证的合格元件——针对实际系统应当了解元件的选择和适用标准,不能抱着反之亦然的态度;第三,加强人员的培训——更好地了解元件是怎样制造出来的,它们是怎么工作的,该怎么使用和安装;第四,使用专业技术来查找泄漏。专业人员对系统安装的整个或子系统管道元件的安装,目标是使机器无泄漏。同时减少元件的使用数量或集成化元件,以减少可能泄漏的部位。如:最新的气压缸产品可集成安装相应功能的控制阀、防超速阀和锁定阀,以及端部缓冲装置。

2.3.3 气压系统的故障诊断步骤

图 8-15 所示为气压系统的故障诊断框图,气压系统的故障常常是系统中某个元件产生故障造成的,因此,如何查找出现故障的元件则是检修的关键,一般可按下列步骤进行。

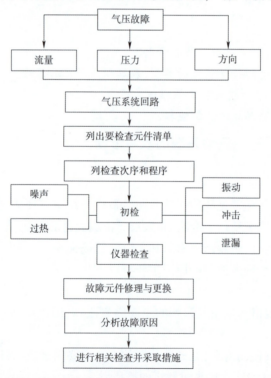

图 8-15 气压系统的故障诊断框图

第一步,调查现场,了解情况。气压回路传动运行不正常,如运行不稳定,运动方向不正确,运动速度不符合要求,动作顺序错乱,输出力不稳定,泄漏严重,黏滞等。按照压力、流量、方向三大方面,进行分析归纳。

第二步,熟悉资料,研究气压系统图,要弄清每个气压元件的性能和作用,并明确它们之间的联系和型号、生产厂家、出厂时间,初步评定其质量性能状况。

第三步,列出与故障相关的元件清单,逐个进行分析。分析时要根据气压的基本知识与实践经验进行准确判断,尤其注意绝不可遗漏对故障有重大影响的元件。

第四步,对清单中所列出的元件按以往的经验和元件检查的难易排列次序。必要时,列出重点检查的元件和元件的重点检查部位。同时安排测量仪器等。

第五步,对清单中列出的重点检查元件进行初检。初检应判断以下问题:元件的使用和装配是否合适;元件的测量装置、仪器和测试方法是否合适,特别注意某些元件的故障先兆。如过高的温度和噪声、振动和泄漏等。

第六步,归纳分析,分析时要注意事物的相互联系,逐步缩小范围,直至准确地判断出故障部位。如果仍难以确定,便应借助仪器进行检查。

第七步,识别出发生故障的元件。对有问题的元件进行修理或更换。

第八步,在重新起动主机前,必须先认真考虑一下这次故障的原因和后果。如果故障是由于泄漏或油温过高引起的,则应预测到其他元件也有出现故障的可能性,同时对隐患进行相应的检查。

第九步,对进一步检查的结果采取相应的措施。例如,由于泄漏原因引起气压泵的故障,则在更换新泵前必须对系统进行彻底清洗和过滤。

思考题

1. 简述汽车气动 ABS 与液压 ABS 的区别。
2. 简述气压系统的常见故障及诊断步骤。

项目 9 气压系统的拆装与试验

实训项目 1 气压制动系统的识别与工作原理认知

1.1 工作目标与要求

完成本实训项目后,学员应当会:
(1)通过阅读气压系统资料和现场观察,辨别实训气压 ABS 的基本组成、工作原理。
(2)识别气压 ABS 各部件及其安装位置、表述其功用。
(3)能够辨别所连接气压回路的结构特点及工作原理。

1.2 技能准备

1.2.1 气压系统组成

气压系统是由动力元件、执行元件、控制元件及辅助元件组成的,并能完成一定动作的各个气压基本回路的组合,如图 9-1 所示。

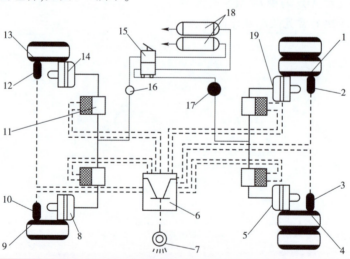

图 9-1 典型城市客车气压式 ABS 的组成与工作原理图
1、4、9、13-传感齿圈;2、3、10、12-轮速传感器;5、8、14、19-制动气室;6-电子控制器;7-警告灯;11-压力控制阀;15-制动总阀;16-快放阀;17-继动器;18-储气筒

(1)动力元件:把机械能转变成气体压力能。如空气压缩机等。
(2)执行元件:把流体的压力能转变成机械能。如气压制动轮缸等。
(3)控制元件:对系统中流体压力、流量和流动方向进行控制或调节的装置,如限压阀、换向阀和止回阀等。

（4）辅助元件：保证系统正常工作所需的上述三种以外的装置。如油水分离器、储气罐、干燥器、油雾器、消声器、气液转换器、气管、管接头及密封件等。

1.2.2 气压系统工作原理

气压系统是利用有压力的空气作为传递动力的工作介质，而且传动中必须经过两次能量交换，即动力元件将机械能转变成气体的压力能，执行元件将气体的压力能转变成机械能。气压传动是一个不同能量的转换过程。

在制动控制阀到制动气室的管路上靠近制动总阀处，设置图9-2所示的快放阀，可以保证解除制动时制动气室迅速排气。制动时，由制动控制阀通快放阀的进气口A，两出气口B可分别通向左右两侧制动气室。制动时，由制动总阀输送过来的压缩空气自进气口A流入，将阀门4推离进气阀座，进而使之压靠阀盖内端的排气阀座，然后自出气口B流向制动气室。此时，快放阀的作用如同一个三通管接头。解除制动时，进气口A经制动控制阀通大气，阀门在弹簧3的作用下回位而关闭进气阀，制动气室内的压缩空气便就近经排气口C排入大气，而无须迂回流经制动控制阀。

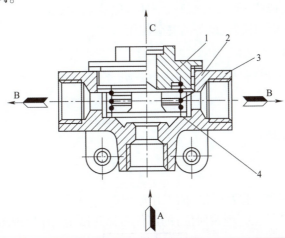

图9-2 快放阀
1-阀盖；2-阀体；3-弹簧；4-阀门；A-进气口；B-出气口；C-排气口

1.2.3 动力装置种类

空气压缩机的作用是产生压缩空气，是整个制动系统的动力源。在汽车上使用最多的是往复活塞式空气压缩机，它与往复活塞式发动机结构相似。空气压缩机按其气缸数可分为单缸和双缸两种，按冷却方式可分为风冷和水冷两种。

1.3 工作载体

（1）各实训小组配置实训车（或台架）一部。
（2）配备有空气压缩机、储气罐、干燥器、控制阀门、各种执行装置等。
（3）拆装工具。

1.4 实训步骤

（1）每6~8名学员组成一个工作小组，确定1名组长，接受工作任务，做好工作准备。
（2）准备好实训用车（或气压系统实训台架）、各种汽车用气压零部件。

(3)查阅实训指导书(或维修手册)和工作单,在实训车上找出动力元件、控制元件、执行元件、辅助元件的位置,辨认并描述实训车气压系统的组成、功用。

(4)按照工作单的引导,完成气压系统的认识工作。

(5)回答指导教师的现场提问,接受指导教师的技能考核。

(6)完成工作任务后,对工作过程进行自我评价和小组互评,听取指导教师的点评。

(7)清洁工作场所,清点拆装工具和设备,完成任务交接。

1.5 实训工单

启用实训用车或气压系统的实训台架,根据实训计划要求,各小组完成自己的工作任务,教师根据学员的提问在一旁进行必要的指导。

(1)实训注意事项:

①阅读实训(室)中心规章制度,未经许可,不得移动和拆卸实训仪器与设备。

②遵守实训仪器与设备的安全操作规程。

③未确认运行安全条件之前,严禁擅自扳动仪器、设备的电器开关、起动开关或起动车辆。

④举升、下降车辆前要提醒,注意观察,一旦有危险立即停止。

⑤注意人身工作安全和仪器、设备的安全使用。

(2)气压 ABS 认识。

①气压 ABS 由哪些部件组成:
_____
_____

②气压 ABS 工作原理:
_____
_____

(3)表述汽车气压系统(弹簧回位)的工作原理。

①标识图 9-3 单作用气缸(弹簧回位)的部件名称并描述工作原理图。

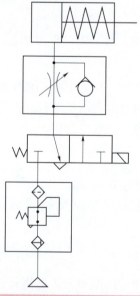

图 9-3　单作用气缸(弹簧回位)的工作原理图

②试验步骤：

a. 依据本试验的要求选择所需的气动元件（弹簧回位单作用气缸、止回节流阀、二位二通电磁换向阀、三联件、长度合适的连接软管）；并检验元器件的实用性能是否正常。

b. 看懂原理图，按照原理图搭接试验回路。

c. 将二位三通电磁换向阀的电源输入口插入相应的控制板输出口。

d. 确认连接安装正确稳妥，把三联件的调压旋钮放松，通电，开启气压泵。待气压泵工作正常，再次调节三联件的调压旋钮，使回路中的压力在系统工作压力以内。

e. 当二位三通电磁换向阀通电时，右位接入，制动轮（气）缸左腔进气，轮缸伸出，失电时轮缸靠弹簧的弹力返回（在轮缸的伸缩过程中，通过调节回路中的止回节流阀可以从容地控制轮缸的动作快慢）。

f. 试验完毕后，关闭气压泵，切断电源，待回路压力为零时，拆卸回路，清理元器件并放回规定的位置。

③思考题。

a. 若把回路中止回节流阀拆掉重作一次试验，轮缸的活塞运动是否会很平稳，而且冲击效果是否很明显？回路中用止回节流阀的作用是什么？

___

b. 采用三位五通双电磁换向阀是否能实现缸的定位？想一想主要是利用了三位五通双电磁阀的什么机能？

___

(4) 车辆气压制动系统双向调节回路试验。

①对照实训对象，标出图9-4所示汽车气压制动系统双向调节回路各组成部分的名称，并指出其安装位置，描述工作原理。

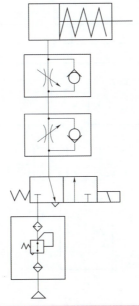

图9-4　汽车气压制动系统双向调节回路工作原理图

②试验步骤：

　　a. 根据试验需要选择元件（弹簧回位单作用气缸，止回节流阀，二位三通单电磁换向阀，三联件，连接软管）；并检验元件实用性能是否正常。

　　b. 看懂原理图，搭接试验回路。

　　c. 将二位三通单电磁换向阀的电源输入口插入相应的控制板输出口。

　　d. 确认连接安装正确稳妥，把三联件通电的调压旋钮放松，开启气压泵。待气压泵工作正常，再次调节三联件的调压旋钮，使回路中的压力在系统工作压力以内。

　　e. 当电磁阀得电右位接入，压缩空气经过三联件通过电磁阀的右位再经过两个相对安装的止回节流阀进入轮缸的左腔，活塞右行，在此过程中调节接近缸的止回节流阀可以控制活塞的运行速度。

　　f. 当电磁阀失电时，回位到左位状态。轮缸活塞在弹簧的作用下向左运动，左腔的压缩空气经止回节流阀到电磁阀，最后排到大气中，在此过程中调节接近电磁阀的止回节流阀就可以实现活塞左行的运动速度。

　　g. 试验完毕后，关闭气压泵，切断电源，待回路压力为零时，拆卸回路，清理元器件并放回规定的位置。

③思考题。

　　a. 若想要活塞快速回位，可以怎样实现？

　　_____

　　_____

　　b. 还有什么样的方法可以达到双向调速的目的？怎样实现？

　　_____

　　_____

（5）双作用气缸的进气口速度调节回路试验。

①请标注图9-5所示进气口调速回路的各图形符号的名称，并描述进气口调速回路的工作原理。

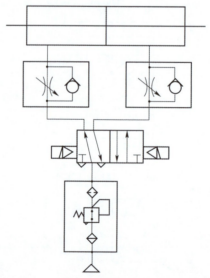

图9-5　进口调速回路的工作原理图

②试验步骤：

a. 根据试验的需要选择元件（双杆双作用缸、止回节流阀两个、二位四通双电磁换向阀、三联件、连接软管）；并检验元件的实用性能是否正常。

b. 看懂原理图，搭建试验回路。

c. 将二位五通双电磁换向阀的电源输入口插入相应的控制板输出口。

d. 确认连接安装正确稳妥，把三联件的调压旋钮放松，通电，开启气压泵。待气压泵工作正常，再次调节三联件的调压旋钮，使回路中的压力在系统工作压力以内。

e. 当电磁阀得电后在图9-5所示位置时，压缩空气通过三联件经过电磁阀再经过止回节流阀进入缸的工作腔，活塞在压缩空气的作用下向右运动。在此过程中调节左边的止回节流阀的开口大小就能调节活塞的运动速度，实现了进气口调速供能。

f. 而当电磁阀右位接入时，压缩空气经过电磁阀的右边再经过右边的止回节流阀进入缸的右腔，活塞在压缩空气的作用下向左运行。而在此过程中调节左边的止回节流阀就不再起作用，只有调节右边的止回节流阀才能控制活塞的运动速度。

g. 试验完毕后，关闭气压泵，切断电源，待回路压力为零时，拆卸回路，清理元器件并放回规定的位置。

③思考题。

a. 换用其他的换向阀作试验看看，顺便了解其他换向阀的工作机能。

b. 想想如果不采用止回节流阀，而采用其他的节流阀行不行？

（6）双作用气缸的出气口速度调节回路试验。

①请标注图9-6所示出气口调速回路的各图形符号的名称，并描述出气口调速回路的工作原理。

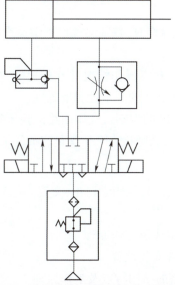

图9-6　出气口调速回路的工作原理图

②试验步骤：

　　a. 根据试验的需要选择元件（单杆双作用杆、止回节流阀、快速排气阀、三位五通双电磁换向阀、三联件、连接软管）；并检验元件的实用性能是否正常。

　　b. 看懂原理图，搭建试验回路。

　　c. 将三位五通双电磁换向阀的电源输入口插入相应的控制板输出口。

　　d. 确认连接安装正确稳妥，把三联件的调压旋钮放松，通电，开启气压泵。待气压泵工作正常，再次调节三联件的调压旋钮，使回路中的压力在系统工作压力以内。

　　e. 电磁换向阀如图 9-6 所示位置时，压缩空气是进入不了气缸的；当电磁换向阀得电时左位接入，压缩空气经过三联件通过电磁换向阀再经过快速排气阀进入缸的左腔，活塞在压缩空气的作用下向右运动，而在此时调节出口的止回节流阀的开口大小就能随意地改变活塞的运行速度。

　　f. 而当电磁阀的右位进入时，压缩空气进入缸的右腔，活塞向左运动，由于缸的左边接了一个快速排气阀，所以可以迅速地回位。

　　g. 试验完毕后，关闭气压泵，切断电源，待回路压力为零时，拆卸回路，清理元器件并放回规定的位置。

③思考题。

　　a. 如果要实现活塞回位时也能控制速度该怎么做？

_____

_____

　　b. 用其他的阀代替作试验怎样实现功能？

_____

_____

1.6　检查评估

1.6.1　检查实训情况

（1）学员进行计划实施实践操作时，教师巡视检查学员操作情况，及时指出学员的操作错误，提醒注意事项，以纠正错误。

（2）学员在操作时，同组成员观察操作情况并互相提醒，操作时以工单为主导，做到自我检查，发现错误及时纠正，以保证操作的规范性和准确性。

（3）各小组成员完成气压 ABS 的识别及气压回路试验任务后，首先要进行小组自检，小组成员对本次任务进行自我评价，由教师检查全体学员完成的情况及效果。

1.6.2　考核评价

（1）学员自我评价，同时与组内其他同学讨论，交流心得。

（2）考核要求：

①能说出气压 ABS 的基本组成及工作原理。

②能够说出气压 ABS 各部件安装位置。

③能够辨别所连接气压回路的结构特点及工作原理。

（3）考核评价及评分标准见表 9-1。

考核内容、配分及评分标准表　　　　　　　　　表 9-1

序号	考核内容	配分	评分标准	扣分	得分	备注
1	说出气压 ABS 的工作原理	10	每错一处扣 5 分			
2	识别气压 ABS 的基本组成	10	每错一处扣 5 分			
3	辨别所连接气压回路的结构特点及工作原理	30	气压回路部件名称每错一次扣 5 分,结构特点及工作原理描述每错一次扣 5 分			
4	填写实训工单	20	每错一次扣 5 分,未填写不得分			
5	工具、仪器的正确使用方法	10	符合操作规程、使用方法、熟练程度,视实际效果酌情评分			
6	安全文明生产与环境保洁	10	安全使用电、气,无设备、人身事故,主动参与环境保洁,酌情评分			
7	工作态度与协作精神	10	视参与实践的自觉性、工作态度和团队协作精神酌情评分			
考核教师(签字)		100	总分			

实训项目 2　气压制动空气压缩机、控制阀的拆装与试验

2.1　工作目标与要求

完成本实训项目后,学员应当会:
(1)通过阅读气压系统资料和现场观察,辨别实训气压制动系统的基本组成、工作原理。
(2)识别气压制动系统各部件及其安装位置、表述其功用。
(3)能够完成空气压缩机及各种控制阀的拆装,能够表述其结构、特点及工作原理。

2.2　技能准备

气压系统是由动力元件、执行元件、控制元件及辅助元件组成的,并能完成一定动作的各个气压基本回路的组合。图 9-7 所示为解放 CA141 型汽车的双管路气压制动系统的组成示意图。

发动机带动空气压缩机 1 运转,由空气压缩机产生的压缩空气经过止回阀 9 输入湿储气筒 4,经冷却并进行油水分离后,清洁的空气由三通阀 6 分成两个回路:一个回路经后止回阀 9 送往主储气筒 8 的后腔,另一回路经前止回阀 9 送往主储气筒的前腔,储气筒的前腔与制动阀 14 的上腔相连,以控制后轮制动,如图 9-8 所示,同时通过三通阀 6 与气压表 15 及气压调节阀 16 相连。储气筒的后腔与制动阀 14 的下腔相连,以控制前轮制动,同时通过三通阀 6 与气压表 15 相连,以上为供气管路。

控制管路从制动阀开始,当踏下制动踏板时,拉杆带动制动阀拉臂,储气筒的前腔压缩空气通过制动阀上腔进入后制动气室,使后轮制动,储气筒的后腔压缩空气通过制动阀下腔进入前制动气室,使前轮制动。

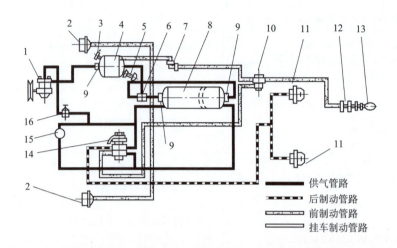

图 9-7　解放 CA141 型汽车双管路制动系统传动机构示意图

1-空气压缩机;2-前制动气室;3-放气筒;4-湿储气筒;5-安全阀;6-三通管;7-管接头;8-储气筒;9-止回阀;10-挂车制动阀;11-后制动气室;12-分享开关;13-连接头;14-制动阀;15-气压表;16-气压调节阀

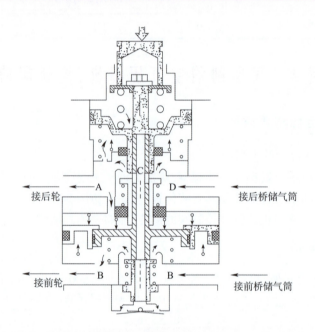

图 9-8　双腔串联式活塞制动阀制动状态示意图

2.3　工作载体

(1)各实训小组配置实训车(或台架)一部。
(2)配备空气压缩机、制动控制阀、气压调节阀、制动气室气缸等部件。
(3)拆装工具。

2.4 实训步骤

(1)每6~8名学员组成一个工作小组,确定1名组长,接受工作任务,做好工作准备。

(2)准备好实训用车(或气压系统实训台架)、各种汽车用气压零部件。

(3)查阅实训指导书(或维修手册)和工作单,在实训车上找出动力元件、控制元件、执行元件、辅助元件的位置,辨认并描述实训车气压制动系统的组成、功用。

(4)按照工作单的引导,完成气压制动系统的认识工作。

(5)查询维修手册,按照维修手册的引导拆装汽车气压制动系统部件,能够指出所拆气压部件的种类、结构特点及工作原理,完成工单任务。

(6)回答指导教师的现场提问,接受指导教师的技能考核。

(7)完成工作任务后,对工作过程进行自我评价和小组互评,听取指导教师的点评。

(8)清洁工作场所,清点拆装工具设备,完成任务交接。

2.5 实训工单

启用实训用车或气压系统的实训台架,根据实训计划要求,各小组完成自己的工作任务,教师根据学员的提问在一旁进行必要的指导。

2.5.1 实训注意事项

(1)阅读实训(室)中心规章制度,未经许可,不得移动和拆卸实训仪器与设备。

(2)遵守实训仪器与设备的安全操作规程。

(3)未确认运行安全条件之前,严禁擅自扳动仪器、设备的电器开关、起动开关或起动车辆。

(4)举升、下降车辆前要提醒,注意观察,一旦有危险立即停止。

(5)拆装气压部件之前查询维修手册,按顺序拆装,绝对禁止强行拆卸,务必注意稳拿轻放防止碰撞。

(6)注意人身工作安全和仪器、设备的安全使用。

2.5.2 拆装空气压缩机

(1)标识图9-9所示空气压缩机与调压器各部件名称。

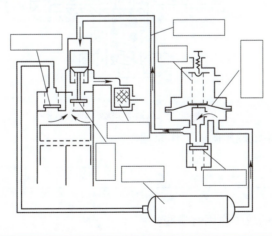

图9-9 空气压缩机的结构与工作原理图

(2)描述空气压缩机与调压器工作原理。
_____
_____

(3)思考题。
①空气压缩机的拆装顺序如何?
_____
_____

②比较进、排气阀有何异同?
_____
_____

2.5.3 拆装车辆气压制动系统调压阀

(1)对照实训对象,标出图9-10所示汽车气压制动系统调压阀各组成部分的名称。

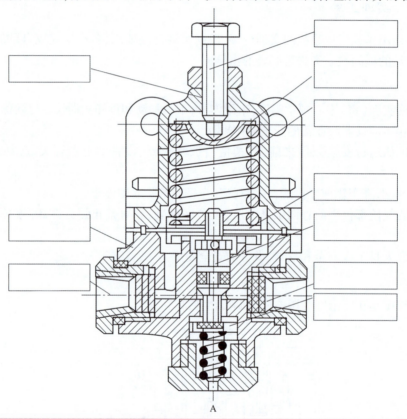

图9-10 汽车气压制动系统调压阀原理图

(2)描述车辆气压系统调压阀的工作原理。
_____
_____

(3)思考题。
①调压阀不能调压的故障原因有哪些?
_____
_____

②试述气压系统调压阀的拆装过程。

2.5.4 并列双腔膜片式制动控制阀的拆装

(1)请标注图9-11所示并列双腔膜片式制动控制阀各零件的名称。

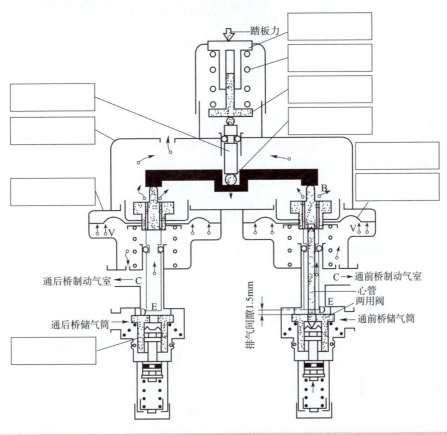

图9-11 并列双腔膜片式制动控制阀工作原理图

(2)描述并列双腔膜片式制动控制阀的工作原理。

(3)思考题。
①如何调整并列双腔膜片式制动控制阀?

②试述并列双腔膜片式制动控制阀的拆装过程。

2.5.5 膜片式制动气缸的拆装

(1)请标注图9-12所示膜片式制动气缸各零件的名称。

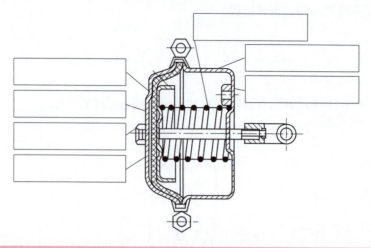

图9-12 膜片式制动气缸的工作原理

(2)描述膜片式制动气缸的工作原理。

_____

_____

(3)思考题。
①试述膜片式制动气室的结构特点。

_____

_____

②试述膜片式制动气室的拆装过程。

_____

_____

2.6 检查评估

2.6.1 检查实训情况

(1)学员进行计划实施实践操作时,教师巡视检查学员操作情况,及时指出学员的操作错误,提醒注意事项,以纠正错误。

(2)学员在操作时,同组成员观察操作情况并互相提醒,操作时以工单为主导,做到自我检查,发现错误及时纠正,以保证操作的规范性和准确性。

(3)各小组成员完成气压制动系统的识别及气压制动系统部件的拆装任务后,首先要进行小组自检,小组成员对本次任务进行自我评价,由教师检查全体学员完成的情况及效果。

2.6.2 考核评价

(1)学员自我评价,同时与组内其他同学讨论,交流心得。
(2)考核要求:
①知道气压制动系统各零部件的基本组成。
②能够说出气压制动系统各部件的工作原理。
③能够辨别所拆气压制动系统各部件的结构特点。

(3)考核评价及评分标准见表9-2。

考核内容、配分及评分标准表　　　　　表9-2

序号	考 核 内 容	配分	评 分 标 准	扣分	得分	备注
1	说出气压制动系统的工作原理	10	每错一处扣5分			
2	识别气压制动系统的基本组成	10	每错一处扣5分			
3	辨别所拆装气压制动系统零部件的结构特点及工作原理	30	气压制动系统零部件名称每错一处扣5分,结构特点及工作原理描述每错一次扣5分			
4	填写实训工单	20	每错一次扣5分,未填写不得分			
5	工具、仪器的正确使用方法	10	符合操作规程、使用方法、熟练程度,视实际效果酌情评分			
6	安全文明生产与环境保洁	10	安全使用电、气,无设备、人身事故,主动参与环境保洁,酌情评分			
7	工作态度与协作精神	10	视参与实践的自觉性、工作态度和团队协作精神酌情评分			
考核教师(签字)		100	总分			

附录　常用液压与气压元件图形符号

（摘自 GB/T 786—2009，参照 ISO1219-1:2006）

基本符号、管路及连接　　　　　　　　　　　　　　　　　附表1

名　称	符　号	名　称	符　号
工作管路	———	直接排气	
控制管路；泄漏管路	- - - - -	带连接排气	
连接管路		不带止回阀快换接头，断开状态	
交叉管路		带一个止回阀快换接头，断开状态	
软管总成		带两个止回阀快换接头，断开状态	
组合元件线		不带止回阀快换接头，连接状态	
管口在液面以上的油箱		带一个止回阀快换接头，连接状态	
管口在液面以下的油箱		带两个止回阀快换接头，连接状态	
管端连接于油箱底部		三通旋转接头	

泵、马达和缸　　　　　　　　　　　　　　　　　　　　　附表2

名　称	符　号	名　称	符　号
定量液压泵或马达		双向变量液压泵或马达单元，带外泄油路	
止回定量液压泵		双向定量液压泵	

续上表

附录 常用液压与气压元件图形符号

名　称	符　号	名　称	符　号
止回变量液压泵	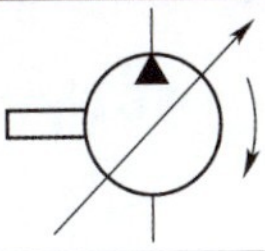	双向变量液压泵	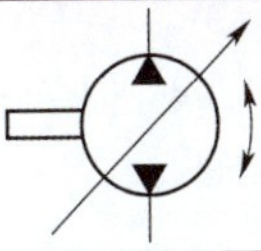
操纵杆控制，限制转盘角度的泵	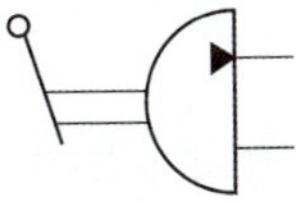	双向流动，带外泄油路单向旋转的变量泵	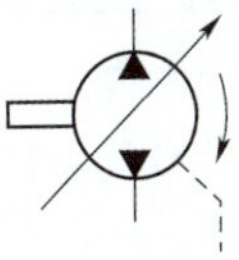
机械或液压伺服控制的变量泵	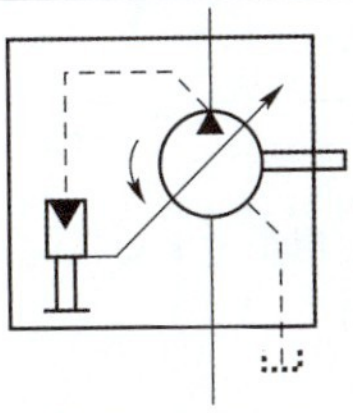	静液传动（简化表达）驱动单元，由一个能反转，带单输入旋转方向的变量泵和一个带双输出旋转方向的定量马达组成	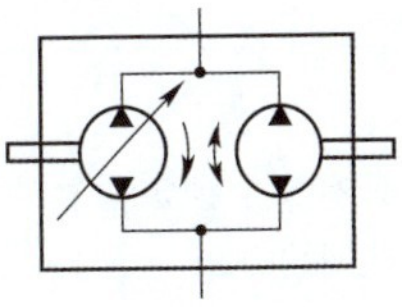
止回定量液压马达	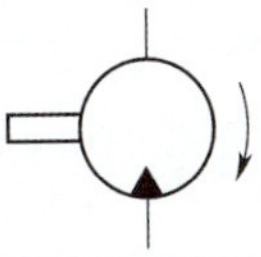	双向定量液压马达	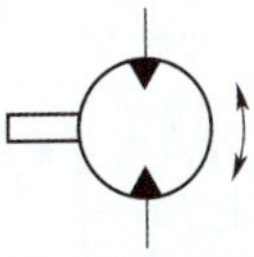
止回变量液压马达	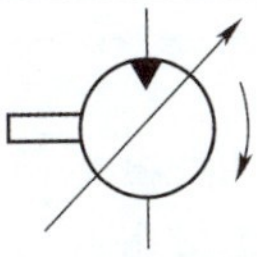	双向变量液压马达	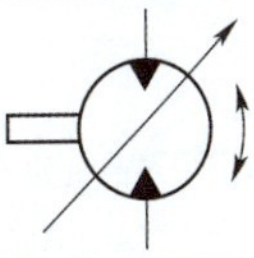
连续增压器，将气体压力 p_1 转换为较高的液体压力 P_2	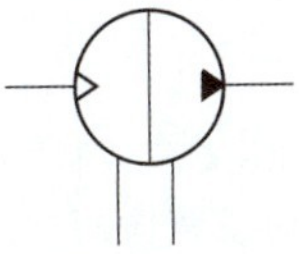	空气压缩机	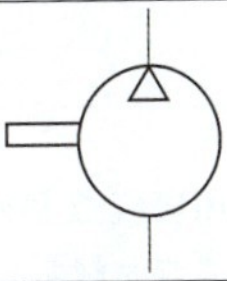
气马达	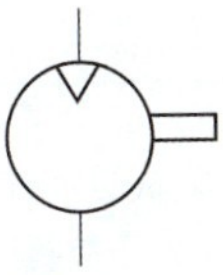	变方向定流量双向摆动马达	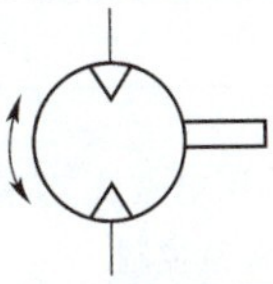
限制摆动角度，双向流动的摆动执行器或旋转驱动	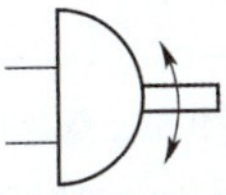	单作用的半摆动执行器或旋转驱动	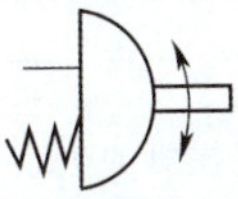
单作用伸缩缸	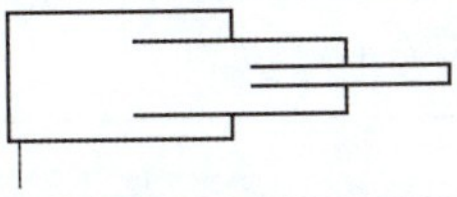	双作用伸缩缸	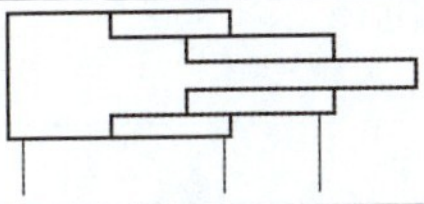
双作用单杆缸	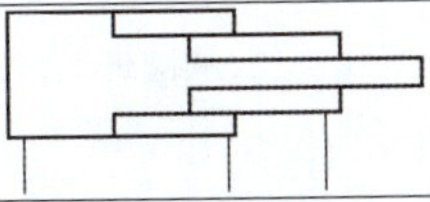	双作用双活塞杆缸	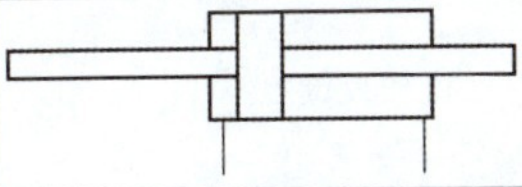
单作用单杆缸，靠弹簧复位，弹簧腔带连接油口	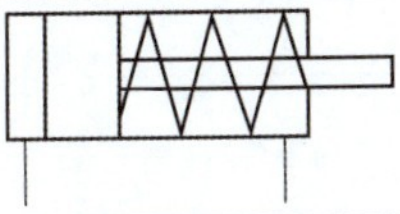	单作用柱塞缸	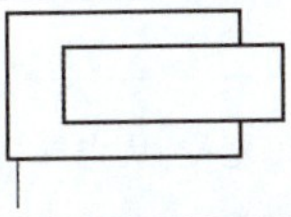
单作用增压器，将气体压力 p_1 转换为更高的液体压力 P_2	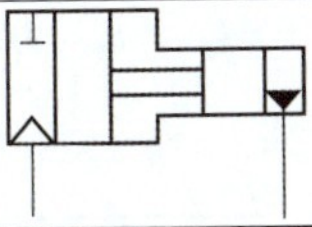	单作用压力介质转换器，将气体压力转换为等值的液压压力，反之亦然	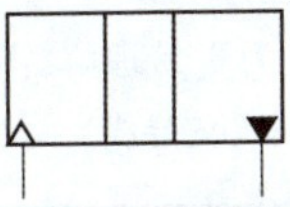

153

控制机构和控制方法　　　附表3

名　称	符　号	名　称	符　号
带有分离把手和定位销的控制机构	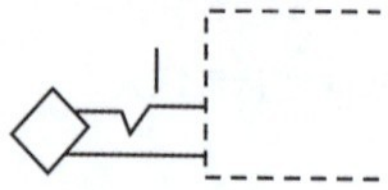	具有可调行程限制装置的顶杆	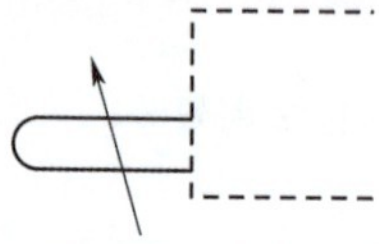
带有定位装置的推或拉控制机构	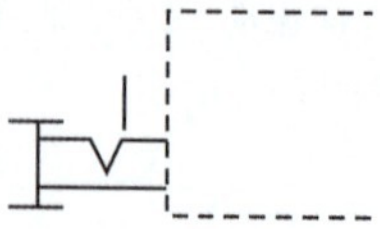	手动锁定控制机构	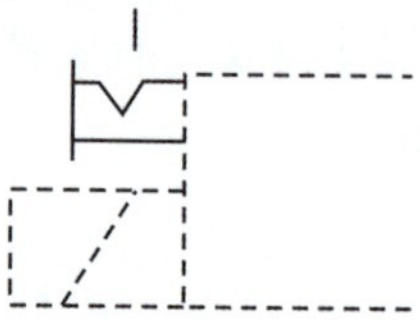
具有5个锁定位置的调节控制结构	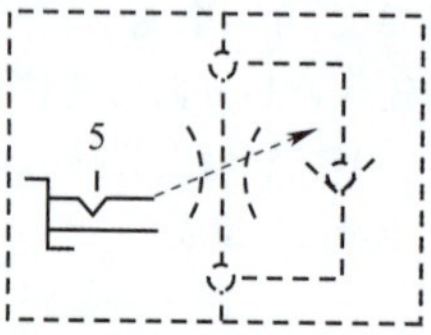	使用步进电动机的控制机构	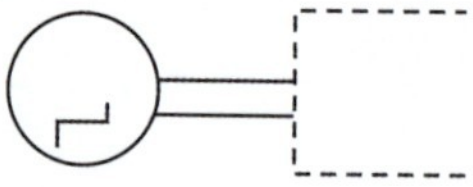
用作单方向行程操纵的滚轮杠杆	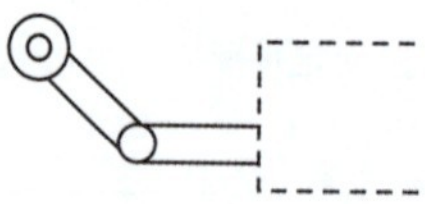	单作用电磁铁,动作背向阀芯	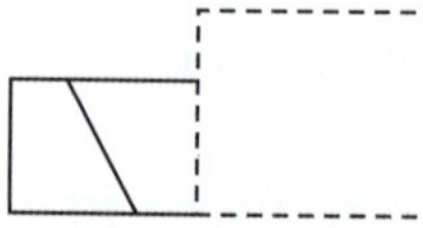
单作用电磁铁,动作指向阀芯	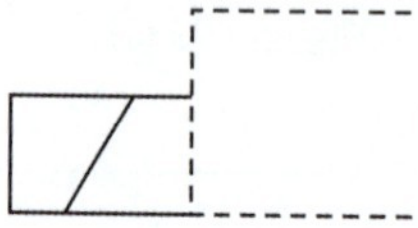	单作用电磁铁,动作指向阀芯,连续控制	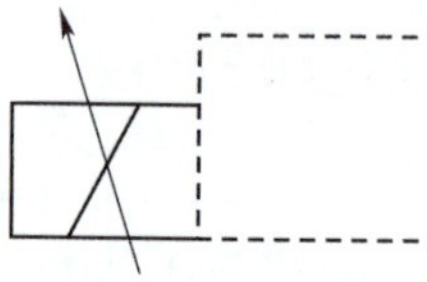
双作用电气控制机构,动作指向或背向阀芯	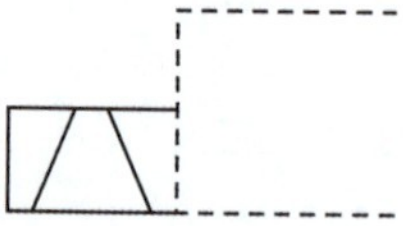	双作用电气控制机构,动作指向或背向阀芯,连续控制	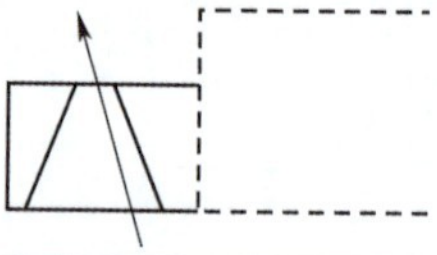
单作用电磁铁,动作背向阀芯,连续控制	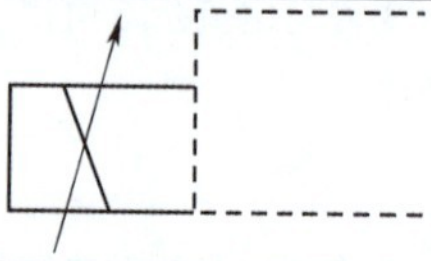	电气操纵的带有外部供油的液压先导控制机构	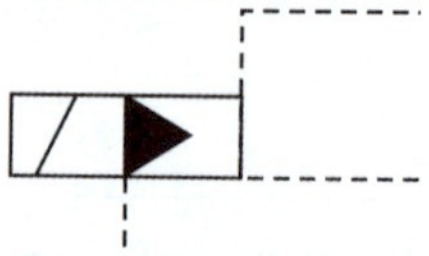
电气操纵的气动先导控制机构	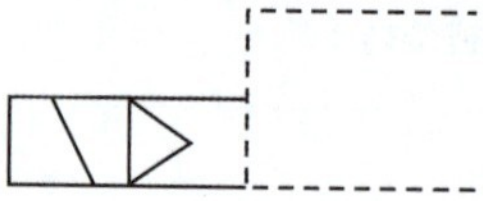	外部供油,双比例电磁铁,双向操作,连续工作的双先导控制机构	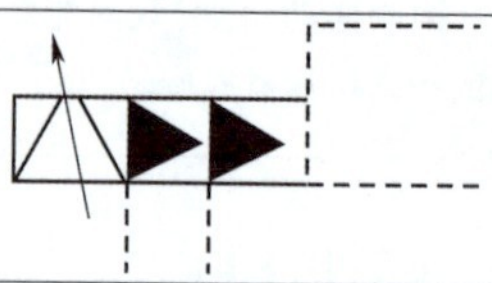
机械反馈	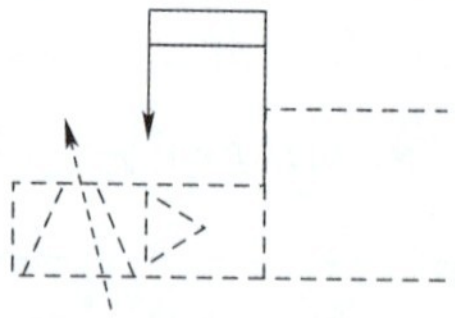	气压复位,从阀进气口提供内部压力	
气压复位,从先导口提供内部压力 注:为更易理解,图中标示出外部先导线		气压复位,外部压力源	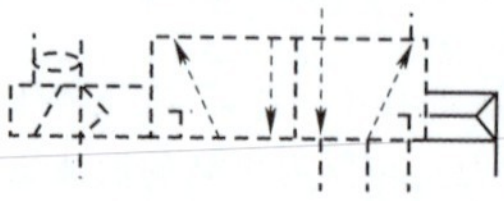

控 制 元 件　　　　　　　　　　　　　　　　　　附表4

名　称	符　号	名　称	符　号
直动型溢流阀	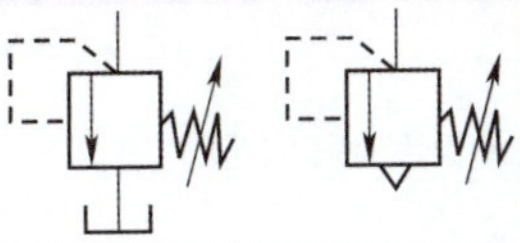	溢流减压阀	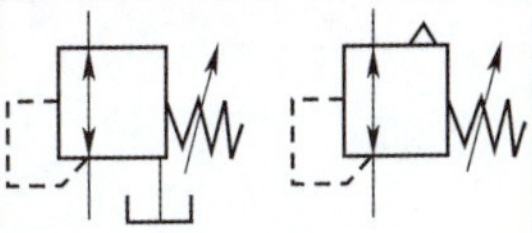
先导型溢流阀	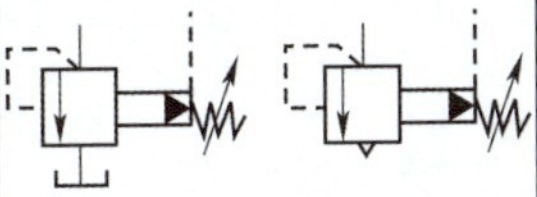	直控式比例溢流阀	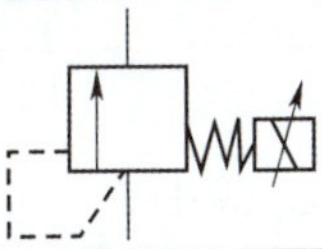
先导型比例溢流阀	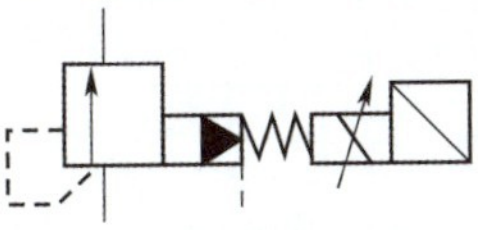	直动型减压阀	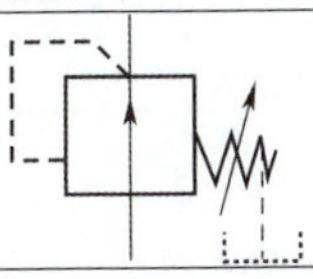
先导型减压阀	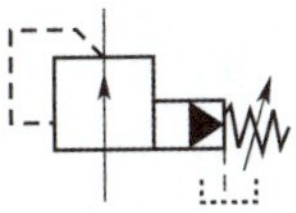	直动型顺序阀	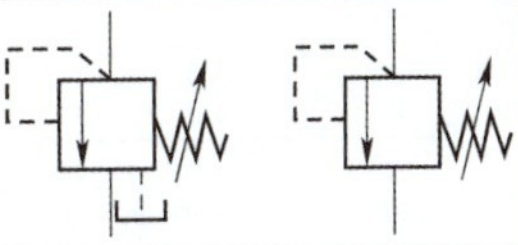
先导型顺序阀	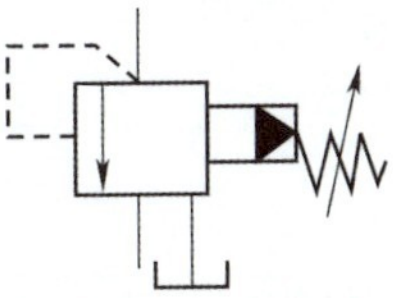	止回顺序阀（平衡阀）	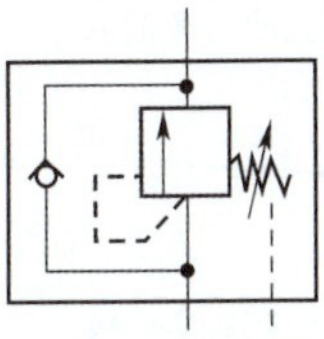
直动型卸荷阀	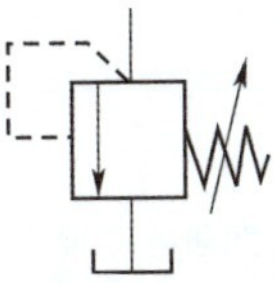	集流阀	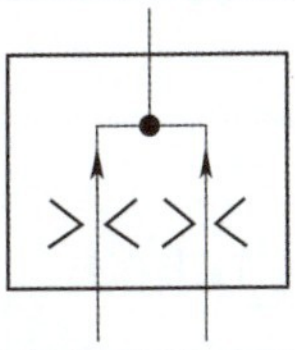
分流集流阀	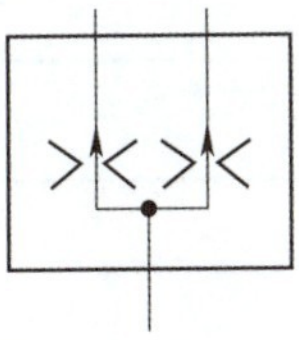	可调节流阀	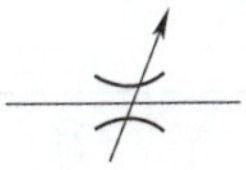
可调止回节流阀	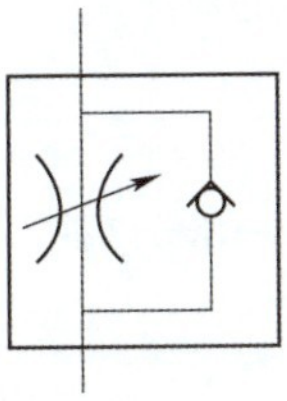	止回阀	
液控止回阀	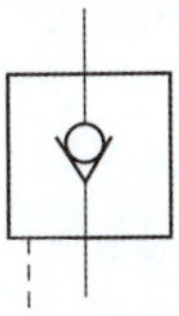	液压锁	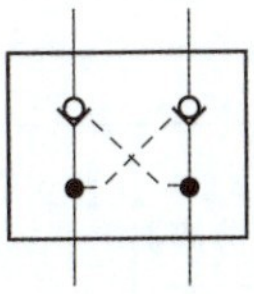
或门型梭阀	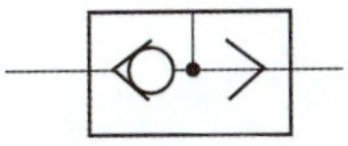	快速排气阀	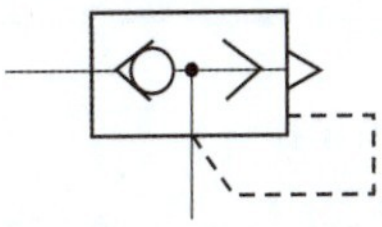

附录　常用液压与气压元件图形符号

续上表

名 称	符 号	名 称	符 号
调速阀	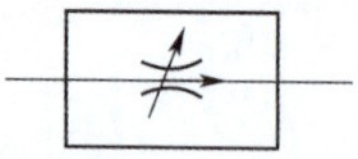	温度补偿调速阀	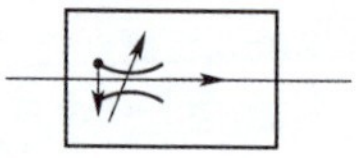
旁通型调速阀	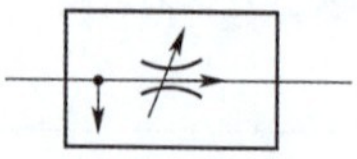	二位二通换向阀	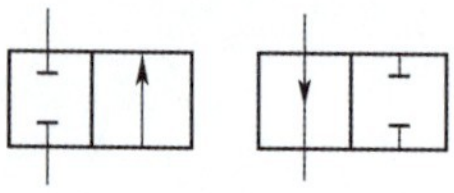
止回调速阀	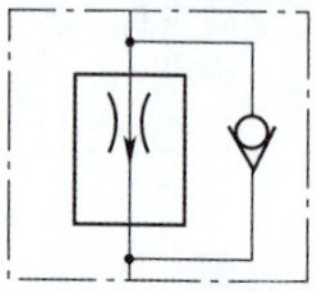	二位三通换向阀	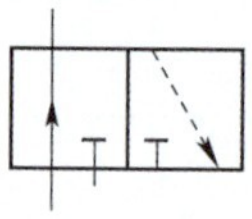
二位四通换向阀	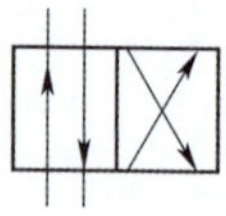	二位五通换向阀	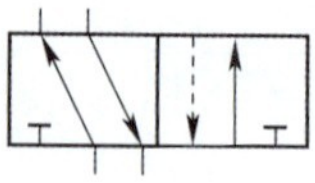
三位四通换向阀	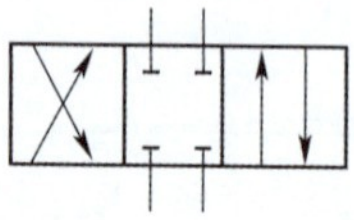	三位四通电液动换向阀	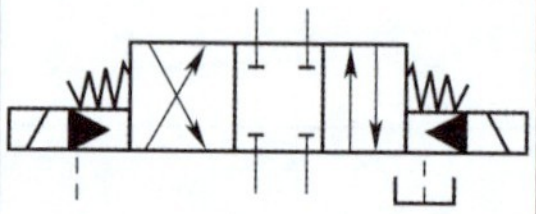
三位五通换向阀	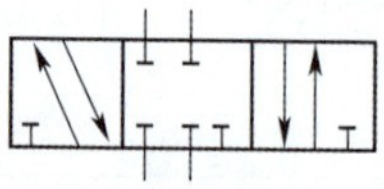	三位四通电磁阀	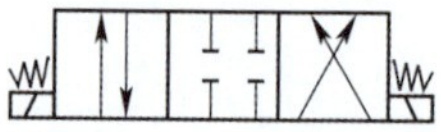

辅 助 元 件　　　　　　　　附表 5

名 称	符 号	名 称	符 号
过滤器		磁芯过滤器	
自动排水凝结式过滤器		手动排水分离器	
带手动排水分离器的过滤器	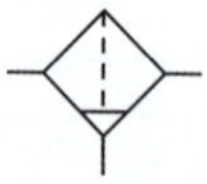	离心式分离器	
油雾分离器		空气干燥器	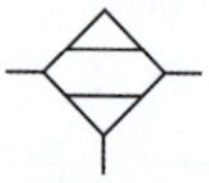
油雾器	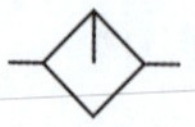	气源调节器	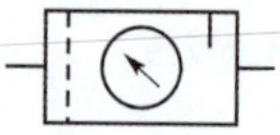

续上表

名　称	符　号	名　称	符　号
消声器	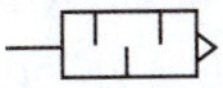	声音指示器	
液面计		温度计	
压力计		流量计	
冷却器	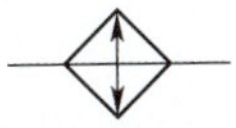	加热器	
蓄能器		气罐	
可调机械电子压力继电器	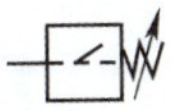	模拟信号输出压力传感器	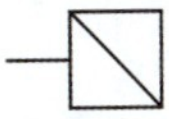
液压源		气压源	
电动机	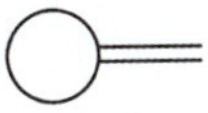	原动机	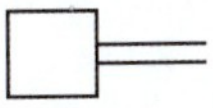
气—液转换器		真空发生器	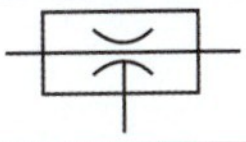

附录　常用液压与气压元件图形符号

参考文献

[1] 陈淑梅. 液压与气压传动[M]. 北京:机械工业出版社,2014.
[2] 任好玲,林添良. 液压传动[M]. 北京:机械工业出版社,2019.
[3] 姜继海,宋锦春,高常识. 液压与气压传动[M]. 北京:高等教育出版社,2019.
[4] 蒋召杰. 液压系统装调与维护[M]. 北京:机械工业出版社,2018.
[5] 成大先,中国有色工程设计研究总院. 机械设计手册Handbook of mechanical design:单行本,液压传动[M]. 北京:化学工业出版社,2017.
[6] 张戌社,宁辰校. 液压气动图形符号及识别[M]. 北京:化学工业出版社,2017.
[7] 赵静一,郭锐,程斐. 液压系统故障诊断与排除案例精选[M]. 北京:机械工业出版社,2017.
[8] 左健民. 液压与气压传动[M]. 北京:机械工业出版社,2016.
[9] 刘银水,许福玲. 液压与气压传动[M]. 北京:机械工业出版社,2017.
[10] 许炳照. 汽车底盘机械系统检修[M]. 3版. 北京:人民交通出版社股份有限公司,2019.
[11] 杨平,葛云. 液压、液力与气压传动技术[M]. 北京:科学出版社,2007.